Bibliografische Information der Deutschen Nationalbibliothek
Die Deutsche Nationalbibliothek verzeichnet diese Publikation
in der Deutschen Nationalbibliografie;
detaillierte bibliografische Daten sind im Internet
über http://dnb.d-nb.de abrufbar.

Du möchtest noch mehr von uns kennenlernen?

FSC www.fsc.org
MIX
Papier | Fördert gute Waldnutzung
FSC® C002795

arsedition.de/service
Text: Sarah Welk
Umschlaggestaltung und Innenillustrationen: Sharon Harmer
Die Autorin wird vertreten durch die Autoren- und Projektagentur
Gerd F. Rumler (München)

ISBN 978-3-8458-2138-2

www.arsedition.de

Sarah Welk

Ziemlich beste Schwestern

Quatsch mit Soße

Mit Illustrationen von Sharon Harmer

arsEdition

Für Mila, Martha und Mats

Inhalt

Wie ich einmal richtig schlechte Laune hatte

Das ist Flo, also in echt natürlich Florentine. Flo ist meine kleine Schwester, sie ist erst fünf.
Mama sagt immer, fünf ist auch schon ganz schön groß, aber ich finde, fünf ist noch ziemlich klein.

Und das bin ich. Ich heiße Mimi. Ich bin sogar schon sieben.

Flo und ich und Papa und Mama und Kalle und Knolle und Bolle, wir alle wohnen in einem Haus im Brückenweg.

Knolle und Bolle leben nicht im Haus, sondern im Kaninchenstall hinten beim Kartoffelbeet. Aber Kalle wohnt direkt bei uns, das ist nämlich unsere Babykatze.

Eigentlich wollten wir einen kleinen Bruder, aber da hat Mama gesagt, einen kleinen Kater findet sie eigentlich noch besser. Und dann ist Kalle bei uns eingezogen.

Heute ist Sonntag. Da geht Flo nicht in den Kindergarten, ich nicht in die Schule, Mama nicht in die Gärtnerei und Papa auch nicht ins Büro.

Papa sagt immer, sein liebster Sonntag sieht so aus: ausschlafen, frühstücken, Zeitung lesen, Mittag essen, Mittagsschlaf, Kuchen essen, Abendbrot essen, fernsehen, ins Bett gehen. Ich würde sonntags am liebsten den ganzen Tag lang nur Kuchen essen und fernsehen, aber das erlaubt Mama leider nicht.

»Wenn du mal erwachsen bist, dann kannst du das meinetwegen so machen. Aber bis dahin gehst du mal besser ein bisschen mit Flo spielen«, sagt sie immer.

Ja, und deshalb sitzen Flo und ich jetzt draußen auf den Torpfosten am Brückenweg und gucken, wer vorbeifährt. Das machen wir ziemlich oft.

Ich kenne fast alle Leute, die bei uns im Dorf wohnen, und außerdem beinahe alle Traktor- und Automarken. Weil ich schon in die Schule gehe, schreibe ich dann in mein geheimes Autoheft, was passiert, also zum Beispiel:

Onkel Jussi und Mats mit Traktor (Marke: Fendt) vorbeigefahren. Anhänger mit Kuh hintendran.

Weil Flo noch nicht so viele Traktormarken kennt, sagt sie dann immer die Farbe dazu, zum Beispiel: *grün*. Und das schreibe ich dann auch auf.

Onkel Jussi ist der Bruder von Mama, der wohnt gegenüber. Und Mats ist der Sohn von Jussi und unser Cousin. Der ist schon zwölf, also beinahe erwachsen.

Aber am Sonntag fahren Onkel Jussi und Mats nicht mit dem Traktor. Und auch sonst kommt hier fast keiner vorbei. Wahrscheinlich sind alle zu Hause und lesen Zeitung oder schlafen.

Flo und ich sitzen hier bestimmt schon eine Stunde, aber ich habe beinahe noch nichts in mein Heft geschrieben. Nur eine Sache, nämlich:

Nacktschnecke (eklig).

Und von Flo:

braun.

Aber das zählt ja eigentlich nicht, weil das ist ja gar kein Fahrzeug.

So langsam kriege ich schlechte Laune. Nicht ein bisschen schlechte Laune, sondern wirklich schlechte Laune.

Und als ich so richtig sauer bin, trete ich mit meinem Fuß gegen den blöden Torpfosten, und das tut auch noch weh, und deshalb schreie ich ganz laut: »Was für ein Scheißsonntag!«

Und Flo murmelt: »Das ist wirklich ein richtig ekliger Scheiß-Mist-Sonntag.«

Und genau in diesem Moment höre ich Mama, die plötzlich hinter uns steht.

»Mimi! Du weißt ganz genau, dass du nicht Scheiße sagen sollst! Das ist echt kein schönes Wort!«, sagt sie.

Und als ich mich umdrehe, sehe ich, dass sie so hässlich die Augen aufreißt und den Zeigefinger hochhebt. Genauso guckt Mama immer, wenn sie schimpft, und sie sieht dann wirklich scheußlich aus, finde ich.

Ich bin jetzt noch wütender, als ich es sowieso schon war.

»Flo hat auch Scheiße gesagt«, schreie ich Mama an. »Sogar Scheiß-Mist-Sonntag! Und das ist ja wohl noch schlimmer als Scheiß-Sonntag. Aber du schimpfst nur mit mir, das ist so ungerecht!«

Ich stampfe mit dem Fuß auf, und eigentlich macht es mir sogar ein bisschen Spaß, so rumzuschreien. Und deshalb brülle ich auch noch: »Du bist echt saublöd! Und so hässlich wie ein Nacktmull!«

Einen Nacktmull habe ich vor Kurzem in einem Buch gesehen. Das ist ein Tier ohne Fell mit ganz vielen Falten und so schiefen langen Zähnen.

Uiuiui. Jetzt wird Mama erst recht so richtig wütend, das kann ich sehen.

»Mimi«, zischt sie. »Jetzt ist Schluss. Ich möchte nicht, dass du so mit mir redest. Du gehst jetzt sofort rein und hast so lange Spielpause, bis ich sage, dass die Spielpause vorbei ist. Hast du mich verstanden?«

Ich strecke Mama die Zunge raus, und bevor sie noch etwas sagen kann, drehe ich mich um und renne ins Haus. Flo rennt hinter mir her.

Drinnen setzen wir uns dann nebeneinander auf das Sofa.

»Mama ist echt blöd«, sagt Flo zu mir, und das finde ich ziemlich nett von ihr.

»Stimmt«, antworte ich, aber dann bin ich

lieber erst mal wieder ruhig, weil Mama auch in die Küche kommt.

Sie schnaubt und fängt an, den Frühstückstisch abzuräumen. Dabei klappert sie laut mit den Tellern und alle Krümel fallen auf den Boden. Mama ruft dann ganz laut: »Ich habe übrigens auch Wochenende! Du bist hier nicht im Hotel!«

»Hää? Mama, das weiß ich doch«, sagt Flo und guckt ein bisschen erstaunt. Flo ist manchmal leider etwas schwer von Begriff.

»Ich habe auch nicht mit dir geredet, sondern mit Papa«, sagt Mama ziemlich laut.

Papa antwortet aber nicht und ich kann ihn auch gar nicht sehen. Vielleicht ist er noch einmal ins Bett gegangen. Ich verstehe echt nicht, warum Erwachsene ständig schlafen wollen, ich bin lieber wach.

Dann reißt Mama die Kühlschranktür auf, und die Milchflasche purzelt heraus und es knallt so laut, dass ich vor Schreck fast vom Sofa falle.

Auf dem Boden liegen tausend Scherben und alles ist voller Milch und weiß: der Kühlschrank, der Herd, Mamas Hose, Mamas Bluse und sogar Mamas Gesicht.

Und auf den Fliesen ist ein richtiger Milchsee und vom Milchsee zweigt ein kleiner Fluss unter den Schrank ab. Und Kater Kalle hüpft vergnügt in den See und trinkt. Und dann will Mama ihn packen, aber er ist schneller und haut ab und überall sind weiße Milch Katzenpfoten-Abdrücke.

»Was für eine Scheiße!«, brüllt Mama und dann gleich noch lauter: »Was für eine granatenmäßige Riesenscheiße!«

»Man darf doch nicht Scheiße sagen«, sagt Flo zu Mama und guckt dabei ganz streng.

»Aber das ist ein Notfall, da darf man das doch«, antwortet Mama, und das finde ich jetzt ein bisschen komisch.

»Was heißt denn eigentlich granatenmäßig?«, fragt Flo, aber Mama antwortet gar nicht, sondern wischt sich stattdessen mit einem Geschirrtuch die Milch aus dem Gesicht.

In dem Moment schaut auch Papa um die Ecke, ganz vorsichtig, man kann nur ein kleines Stück von seinem Kopf im Türrahmen sehen.

Er guckt Mama an und Mama guckt ihn an und Papas Mund zuckt und dann sagt er: »Ach du liebes bisschen.«

Und dann fängt er an zu lachen. Aber er hört schnell wieder auf und fragt: »Soll ich dir helfen?«

Und dann fängt er wieder an zu lachen, erst nur ein bisschen und dann immer mehr. Er lacht und lacht, sodass sein Bauch wackelt und sein ganzes Gesicht und ihm sogar Tränen in die Augen kommen.

Und Mama guckt erst ganz streng, dann guckt sie weniger streng und dann fängt sie plötzlich auch an zu lachen. Und dann kriegt sie auf einmal kaum noch Luft und biegt sich und hält sich den Bauch und japst: »Ja, bitte«.

»Na, dann verschwinde mal aus deiner Hotelküche und mach Platz für den Küchenjungen, damit der auch ordentlich putzen kann«, sagt Papa.

Mama kommt dann zum Sofa, auf dem Flo und ich sitzen.

»Habt ihr zwei hier noch Platz für eine Mutter?«, fragt sie.

Flo und ich rücken auseinander und Mama setzt sich zwischen uns.

»Ich wollte dich vorhin nicht anschreien, Mimi, das tut mir leid«, sagt Mama.

Ich schmiege mich dann ganz fest an sie.

»Du siehst auch nicht aus wie ein Nacktmull«, antworte ich.

Und bin ganz froh.

Wie wir einmal geheime Zirkusmäuse gekauft haben

Flo und ich haben einen älteren Cousin, der heißt Mats, aber das habe ich ja schon erzählt. Er ist zwölf Jahre alt, und es dauert nicht mehr lange, dann darf er Auto fahren, sagt Mats. Traktor fahren kann er übrigens schon, und zwar ganz alleine.

Flo hat einen Trettraktor zum Spielen, aber so einen meine ich nicht. Ich meine einen richtigen Traktor.

Onkel Jussi hat Mats das Traktorfahren schon beigebracht.

Die Mama von Mats lebt woanders. Die hat eine eigene Wohnung im Dorf direkt neben der Schule. Seit sie da wohnt, streitet sie fast gar nicht mehr mit Onkel Jussi. Mats findet das gut.

Er kann sich jetzt immer aussuchen, ob er lieber bei seiner Mutter oder bei Onkel Jussi schlafen will. Im Dorf bei seiner Mama hat er

ein Hochbett und nebenan bei seinem Papa eines, das wie ein Rennauto aussieht.

Bei seiner Mama hat er ein echtes Meerschweinchen. Bei seinem Papa hat er 192 Kühe, 48 Kälber, einen dicken Bullen und einen Hund.

Das ist echt toll, finde ich. Aber unsere Mama will trotzdem keine eigene Wohnung. Sie will lieber bei Flo und mir und Papa wohnen bleiben, sagt sie.

Flo und ich, wir dürfen ganz alleine zu Mats und Onkel Jussi hinübergehen, dafür müssen wir nämlich nur die Auffahrt entlanglaufen und dann können wir direkt zum Bauernhof abbiegen. Das machen wir oft, weil es da nämlich richtig toll ist.

Die Tür zum Stall ist ziemlich schwer, aber ich kann sie schon alleine aufmachen. Als wir hereinkommen, sitzt Mats oben auf einer Kälberbox und lässt die Beine baumeln. In den Händen hat er einen großen Karton, in dem viele kleine Löcher sind.

Oben im Deckel ist ein größeres Loch und Mats drückt gerade sein Auge auf das Deckelloch und sagt: »Nicht schlecht fürs Erste. Das sind 1,60 Euro.«

Aus dem Karton kommen komische Geräusche, es raschelt und fiept ein bisschen und Flo reißt die Augen auf und flüstert mir zu: »Mimi, Geld kann doch nicht fiepen.«

Mats legt den Kopf schief und guckt Flo dabei an.

»Na, du bist ja wohl superschlau«, sagt er. »Da ist doch kein Geld drin. Da sind Mäuse

drin. Für jede Maus, die ich fange, kriege ich von Papa 40 Cent. Ich habe vier Mäuse hier drin, das ergibt also?«

Flo wackelt mit dem Kopf und tut so, als würde sie rechnen, obwohl sie das in echt noch gar nicht kann.

»1,60 Euro«, sagt Mats schnell mit triumphierender Stimme.

»Aber was will Onkel Jussi denn mit Mäusen?«, fragt Flo.

»Er braucht sie gar nicht, er will nur nicht, dass sie hier im Stall rumrennen, weil sie das Kälberfutter auffressen und ganz viel Dreck machen«, antwortet Mats. »Ich glaube, er gibt sie den Katzen.«

Flo stemmt die Hände in die Hüften und guckt total empört.

»Aber das ist doch unfair!«, ruft sie, »Mäuse sind so niedlich. Mats, du darfst sie nicht an Onkel Jussi verkaufen!«

Mats zieht die Augenbrauen hoch und wiegt dabei den Kopf hin und her.

»Aber ich brauche das Geld«, antwortet er. »Sonst werde ich mir doch nie ein Rennrad kaufen können.«

Darauf spart er nämlich, weil er später

Radrennfahrer werden will. Vielleicht auch Bauer. Aber wahrscheinlich doch Radrennfahrer.

Flo und ich gucken uns an. Und dann habe ich eine tolle Idee: »Aber könnten wir dir die Mäuse nicht auch abkaufen?«, frage ich. Flo und ich haben nämlich eigenes Geld in unseren Sparschweinen.

Mats kneift die Augen zusammen und überlegt kurz. Dann sagt er: »Ihr wollt ja wahrscheinlich auch noch den Karton dazuhaben, damit ihr die Mäuse auch tragen könnt. Vier Mäuse und ein Karton kosten zusammen zwei Euro.«

Das ist ein gutes Geschäft, finde ich. Und deshalb rasen Flo und ich sofort nach Hause und holen jeder einen Euro aus unseren Sparschweinen.

Das dauert ganz schön lange, weil wir sie dafür nämlich auf den Kopf stellen und dann schütteln müssen, bis die Geldstücke durch den Schlitz rutschen.

Ich hätte eigentlich lieber eine Geldbörse, am liebsten mit einem Pferd drauf und mit so Schnüren dran, dass man sie sich um den Hals hängen kann.

Dann könnte ich mein Geld nämlich überallhin mitnehmen und mir alles kaufen, was ich schön finde.

Als wir zurückkommen, springt Mats von der Kälberbox. Wir bezahlen und er gibt uns mit feierlichem Gesichtsausdruck den Karton.

Flo drückt sofort ein Auge auf das Guckloch im Deckel.

»Mimi«, ruft sie ganz aufgeregt. »Da sind zwei Mamamäuse und zwei ganz süße Babymäuse drin!«

Mein Herz fängt vor lauter Freude ganz laut an zu klopfen. Babymäuse! Ich schubse Flo ein bisschen zur Seite und gucke selber durch das Loch. Und tatsächlich: In einer Ecke sitzen zwei winzig kleine Mäuse, die sich eng aneinanderkuscheln und dabei ängstlich fiepen.

»Ihr müsst euch nicht fürchten«, flüstere ich durch das Loch. »Flo und ich passen gut auf euch auf. Und wir bauen für euch ein eigenes Mäusehaus, in dem ihr richtig gut spielen könnt. Da ist es viel toller als hier in diesem blöden Stall. Ihr werdet schon sehen.«

»Meine Mäuse heißen Piepsi und Öhrchen, weil die Babymaus so süß piepst und die Mama so niedliche Ohren hat«, sage ich begeistert zu Flo.

»Und meine heißen Käsi und Specki, weil Mäuse doch so gerne Käse und Speck fressen«, antwortet Flo.

Und dann laufen Flo und ich und Piepsi und Öhrchen und Käsi und Specki ganz schnell nach Hause.

Und ich bin ganz froh.

Wie die Zirkusmäuse ins Puppenhaus gezogen sind

Flo und ich haben jetzt nicht nur eine Babykatze und zwei Kaninchen, sondern auch noch vier Mäuse, zwei große und zwei kleine. Aber das habe ich euch ja schon erzählt.

Öhrchen und Piepsi sind so niedlich, dass es kaum zu glauben ist! Ich finde sie noch süßer als Käsi und Specki. Flo gefallen Käsi und Specki besser, also ist alles gerecht.

Auf dem Weg von Mats zu uns nach Hause

drückt Flo immer wieder ihr Auge auf das Guckloch im Mäusekarton, aber plötzlich bleibt sie stocksteif stehen.

»Mimi!«, ruft sie. »Specki hat gerade einen Purzelbaum gemacht und danach Handstand! Das sind echte Zirkusmäuse!«

»Lass sehen«, sage ich und schiebe Flo weg. Ich gucke durch das Loch, aber alle vier Mäuse sitzen ganz still in einer Ecke.

»Hat Specki jetzt wirklich Handstand gemacht?«, frage ich und gucke Flo streng an.

Flo zieht ein bisschen beleidigt die Mundwinkel nach unten. »Specki hat wohl einen Handstand gemacht, in echt!«, ruft sie. »Du hast nur zu spät geguckt!«

Ich weiß nicht so richtig, ob ich das glauben soll. Flo denkt sich manchmal einfach Sachen aus, obwohl Mama sagt, dass man immer die Wahrheit sagen muss. Ich könnte natürlich Mama fragen, ob Mäuse Handstand machen können, aber wahrscheinlich weiß sie das gar nicht, weil sie nämlich Mäuse nicht so gerne mag.

Mama findet Katzen am besten und Papa würde gerne einen Hund kaufen. Einen Welpen hätten Flo und ich übrigens auch gerne. Aber ich glaube nicht, dass wir einen kriegen.

Plötzlich fällt mir etwas ein. »Flo«, sage ich. »Die Mäuse sind übrigens unsere *Geheimmäuse*. Wir verraten niemandem, dass wir sie haben, okay?«

Flo guckt mich mit großen Augen an.

»Uiii, ich glaube nicht, dass irgendjemand außer uns geheime Zirkusmäuse hat«, flüstert sie ganz begeistert. »Ich verrate das keinem Menschen auf der ganzen Welt!«

»Schwöre«, sage ich.

»Ich schwöre«, antwortet Flo.

Flo und ich drehen uns vorsichtig um, aber außer uns ist niemand da, der das Geheimnis gehört haben könnte. Dann öffnet Flo ganz leise unsere Terrassentür und lauscht.

Mama ist schon aus der Gärtnerei zu Hause. Sie ist in der Küche, das kann man hören, weil das Radio läuft und Teller klappern. Papa sitzt wahrscheinlich immer noch am Schreibtisch. Da ist er nämlich schon den ganzen Tag und wir dürfen ihn nicht stören. Außer im Notfall.

Ich klemme mir den Mäusekarton unter den Arm und wir schleichen ins Haus. Flo und ich können ziemlich gut schleichen, das üben wir nämlich immer. Mats sagt, Indianer können so leise schleichen, dass ihre Feinde sie erst bemerken, wenn ihr letztes Stündlein geschlagen hat.

Ich weiß zwar nicht genau, was das bedeutet, aber auf jeden Fall können Flo und ich fast so leise schleichen wie ganz echte Indianer.

Als wir im Spielzimmer ankommen, machen wir ganz schnell die Tür hinter uns zu. Und damit auch wirklich überhaupt keiner reinkommen kann, schieben Flo und ich unseren Basteltisch davor. Dann öffnen wir vorsichtig den Karton und gucken uns die Mäuse endlich einmal richtig an.

Öhrchen und Specki sind gar nicht mehr ängstlich, sie stellen sich auf die Hinterbeine und schnuppern mit ihren winzigen Nasen. Die beiden Babymäuse kuscheln immer noch in einer Ecke, wahrscheinlich sind die einfach ein bisschen müde und wollen sich ausruhen.

»Die vier brauchen ein richtiges Zuhause«, sage ich zu Flo. »Nicht nur so einen ollen Karton. Die müssen Betten haben und ein Spielzimmer für die Kleinen.«

»Und auch ein eigenes Badezimmer«, ergänzt Flo schnell.

Ich weiß nicht genau, ob Mäuse auch auf die Toilette gehen oder in die Badewanne. »Schaden kann ein Badezimmer natürlich nicht«, sage ich aber trotzdem.

Wir überlegen und gucken uns in unserem Spielzimmer um. An der Wand steht unser Kaufmannsladen, daneben die Kinderküche, außerdem haben wir noch zwei kleine Stühle und unseren Basteltisch vor der Tür. Und neben dem Basteltisch steht unser großes Puppenhaus.

»Das ist es!«, rufe ich. »Das Puppenhaus! Die Mäuse können doch im Puppenhaus wohnen!«

»Und die Puppen?«, fragt Flo.

»Die können erst einmal in den Kaufmannsladen ziehen«, schlage ich vor.

Das findet Flo gut, und wir fangen an, das Puppenhaus für die Mäuse vorzubereiten. Ich lege kleine Tücher in die Betten und winzige Kissen und bunte Decken. Und Flo klappt im Puppenhaus-Badezimmer schon einmal den

Toilettendeckel nach oben und holt heimlich etwas Wasser aus unserem richtigen Badezimmer, das sie dann in die Puppenhaus-Badewanne füllt, falls die Mäuse sich waschen wollen.

In das Mäusespielzimmer im Puppenhaus legen wir eine Murmel als Ball und wir stellen auch ein Spielpferd auf. Wenn Öhrchen

und Piepsi und Specki und Käsi nämlich wirklich Zirkusmäuse sind, dann können sie ja vielleicht auch reiten.

Schließlich kippen wir den Mäusekarton ganz vorsichtig auf die Seite, sodass Käsi und Specki und Öhrchen und Piepsi herausklettern und sich ihr neues Zuhause in Ruhe angucken können.

In dem Moment ruft Mama, dass das Abendbrot schon fertig ist. Bei uns gibt es Essen immer genau dann, wenn es überhaupt nicht passt, finde ich. Aber wenn Flo und ich jetzt nicht losflitzen, holt uns Mama und sieht die Mäuse. Dann sind sie nicht mehr geheim. Deshalb sausen wir schnell in die Küche.

Beim Abendbrot reißen Flo und ich heimlich ein paar Stücke von unseren Käsebroten ab und stecken sie in die Hosentaschen, weil wir ja gleich noch unsere Mäuse füttern müssen. Mama staunt ganz schön, als sie zu uns an den Tisch kommt.

»Ach du meine Güte, ihr seid aber schnell heute!«, ruft sie und Flo und ich müssen kichern. »Möchtet ihr noch ein Brot?«

Aber das wollen wir auf keinen Fall. Wir wollen schnell zu unseren Mäusen.

Doch als wir ins Kinderzimmer kommen, sind die Mäuse nirgends zu sehen. Sie liegen nicht in den Puppenhaus-Betten und sie sitzen nicht auf dem kleinen Spielpferd.

»Vielleicht sind sie ja in der Badewanne«, flüstert Flo mir zu, »schließlich ist ja schon Abend.«

Aber da sind sie auch nicht. Flo und ich gucken uns ein bisschen ratlos an.

»Wahrscheinlich machen Specki und Käsi und Öhrchen und Piepsi einfach einen Ausflug«, sage ich. »Die kommen bestimmt gleich wieder und gehen dann ins Bett.«

»Müssen Mäuse eigentlich auch Zähne putzen?«, fragt Flo.

»Die haben doch überhaupt keine Zahnbürsten«, antworte ich.

»Dann legen wir den Mäusen die Käsebrotkrümel jetzt einfach als Überraschung unter die Bettdecken«, sagt Flo aufgeregt. »Und wenn sie nachher nach Hause kommen, dann können sie ein Mitternachtspicknick im Puppenhaus-Bett machen!«

Flo hat manchmal wirklich gute Ideen, finde ich. Wir legen die Brotkrümel schnell un-

ter die Puppendecken und dann ruft schon wieder Mama und wir müssen in die Badewanne.

Als wir in unseren Betten liegen, können wir erst gar nicht einschlafen.

»Glaubst du, dass Specki und Käsi schon ihr Mitternachtspicknick machen?«, fragt Flo mich.

Das glaube ich eigentlich schon.

»Wollen wir morgen eine Kutsche für die Mäuse bauen? Dann können die beiden Mamas die Babymäuse ziehen«, frage ich Flo.

Das findet Flo eine gute Idee.
»Wollen wir beide auch mal ein Mitternachtspicknick machen?«, fragt Flo mich.
»Au ja«, antworte ich.
Und als ich noch darüber nachdenke, wie man am besten eine Mäusekutsche baut und ein Mitternachtspicknick macht, werde ich plötzlich ganz müde und schlafe ein.

Am nächsten Morgen wachen Flo und ich auf, weil es in der Küche poltert und laut quietscht. Nicht nur ein bisschen, sondern richtig laut. Sofort springen wir aus unseren Betten und rennen die Treppe hinunter, um nachzugucken, was los ist.
Der Brotkasten ist offen und Mama steht auf einem Stuhl an der Wand und ist ganz

blass. Und Papa steht daneben und starrt auf den Brotkasten und sagt: »Das gibt's doch nicht.«

Und im Brotkasten in der Küche sitzen Piepsi und Öhrchen und Specki und Käsi und frühstücken gemütlich.

»Oh, guck mal, Mimi, die haben sich selber eine neue Wohnung gesucht«, ruft Flo. »Die sind wirklich richtig schlau! Jetzt haben sie ein Puppenhaus im Kinderzimmer und ein Brotkastenhaus in der Küche. Und dann gehen sie immer dorthin, wo sie es gerade schöner finden!«

Mama guckt Flo an und schnappt nach Luft. Dann sagt sie leise: »Was hast du gerade gesagt?« Und danach ziemlich laut: »Kannst du mir erklären, wie die Mäuse in meinen Brotkasten kommen?«

»Das ist gar nicht *dein* Brotkasten, Mama«, antwortet Flo eifrig. »Der gehört ja auch Papa. Aber jetzt müsst ihr einen neuen kaufen, weil der hier nämlich jetzt Käsis und Speckis und Öhrchens und Piepsis Haus ist! Das sind unsere Zirkusmäuse, aber eigentlich sind die geheim.«

Und dann schlägt sie sich die Hand auf den Mund, weil sie das ja eigentlich gar nicht verraten wollte.

Mama holt tief Luft, bläst die Backen auf und legt den Kopf in den Nacken. Sie hat ganz rote Flecken am Hals. Eigentlich will sie etwas sagen, das kann ich sehen, aber Papa ist schneller: »Geheime Zirkusmäuse. Aha. Soso. Hm. Ich glaube, das müsst ihr Mama und mir jetzt mal richtig erklären.«

Na ja, also erzählen Flo und ich alles von Anfang an. Von Mats und dass Onkel Jussi die Mäuse an die Katzen verfüttern wollte und dass wir sie deshalb gekauft haben und dass sie Handstand können und im Puppenhaus wohnen.

»Also dann haben wir jetzt ein Problem«, sagt Papa und wiegt sorgenvoll den Kopf hin und her. »Und zwar weil Kalle ja auch ein Kater ist. Und bald ist er ein richtig großer Mäusefangkater – und ich glaube, dass sich eure Zirkusmäuse und Kalle nicht so gut verstehen werden, wenn die hier zusammen im Haus wohnen.«

Ach du liebes bisschen, daran hatten Flo und ich ja überhaupt noch gar nicht gedacht.

»Was haltet ihr denn davon, wenn wir die Mäuse nach draußen in den Garten bringen?«, schlägt Papa vor. »Vielleicht ganz nach hinten, neben den Kaninchenstall? Da können Pipi und Spacki und Käsi und Öhrchen dann immer die Kaninchen besuchen und sich tolle Mäuselöcher graben, in denen sie sich ganz schnell verstecken können, falls Kater Kalle mal hungrig vorbeikommt.«

»Die heißen doch nicht Pipi und Spacki, Papa«, sagt Flo empört. »Die heißen Piepsi und Specki!«

»Wie auch immer«, antwortet Papa. »Aber was haltet ihr von meiner Idee?«

Da sagen Flo und ich, dass wir die gut finden. Mama sagt auch, dass sie die gut findet. Sie sagt auch, dass Papa sowieso meistens die besten Ideen hat. Und dass sie jetzt in die Stadt fährt, um einen neuen Brotkasten zu kaufen. Ob er sich in der Zwischenzeit vielleicht auch noch ausdenken könnte, wie man die Mäuse in der Küche wieder einfängt, um sie nach draußen zu bringen?

Das macht Papa dann. Es dauert ziemlich lange, nämlich fast bis zum Nachmittag.

Aber dann sitzen Piepsi und Specki und Öhrchen und Käsi wieder im Mäusekarton. Den trägt Papa vorsichtig in den Garten und Flo und ich laufen nebenher. Und dann gucken wir zu, wie Papa die Mäuse aus dem Karton vorsichtig ins Gras kippt.

Piepsi und Specki und Öhrchen und Käsi piepsen erst ganz aufgeregt, aber dann flitzen sie auch gleich los. Man kann sehen, dass sie sich richtig freuen.

»Das hätten wir«, sagt Papa und reibt sich vergnügt die Hände.

Und Flo und ich sind ganz froh.

Wie wir einmal ein Mitternachtspicknick gemacht haben

Die Mäuse wohnen jetzt im Garten, aber das habe ich ja schon erzählt. Und in der Küche haben wir einen neuen Brotkasten. Mama findet es nämlich eklig, wenn Mäuse in Brotkästen picknicken, und deshalb will sie den alten nicht mehr benutzen. Sie hat ihn einfach neben unsere Mülltonne an die Straße gestellt.

»Vielleicht wollen die Mäuse aber ja doch auch noch mal in einem Brotkasten wohnen und nicht immer nur im Mäuseloch«, sage ich zu Flo. »Die Müllmänner brauchen den Brotkasten doch gar nicht. Eigentlich könnten wir ihn uns für Specki und Käsi und Öhrchen und Piepsi holen.«

Das findet Flo auch, und deshalb laufen wir schnell vor zum Brückenweg. Und gerade in diesem Moment sehen wir das Müllauto, das in unsere Straße einbiegt. Aber es muss noch den Abfall von Onkel Jussi und Mats abholen, und deshalb steht der Brotkasten auch noch neben der Mülltonne.

Was für ein Glück!

Schnell heben Flo und ich ihn zusammen hoch und bringen ihn ganz nach hinten in den Garten neben den Kaninchenstall, weil da doch jetzt unsere Mäuse wohnen. Wir decken den Brotkasten dann ein bisschen mit Gras zu, damit Mama ihn vom Küchenfenster aus nicht entdecken kann.

Aber die Mäuse sind mal wieder nirgends zu sehen. Eigentlich sind sie überhaupt nie zu sehen, wenn Flo und ich in den Garten kommen.

»Ich glaube, die sitzen immer nur in ihren Löchern und schlafen«, sagt Flo und guckt ein bisschen grimmig.

»Aber irgendwann müssen die doch auch mal rauskommen und fressen«, antworte ich.

Und während wir da noch stehen und nachdenken, sehe ich plötzlich Mats, der sein Fahrrad auf den Brückenweg schiebt. Am liebsten hätte er ein Rennrad, das ist so etwas Ähnliches wie Rennschuhe, sagt Papa. Also ein Fahrrad, mit dem man ganz schnell fahren kann. Aber das ist sehr teuer, und Mats muss noch ziemlich viele Mäuse fangen und ziemlich lange sparen, bis er es sich auch kaufen kann.

»Vielleicht weiß Mats ja, wo unsere Mäuse sind«, sage ich zu Flo. Und ich ärgere mich ein bisschen, dass mir das nicht früher eingefallen ist.

»Vielleicht hat er sie aus Versehen auch wieder gefangen, weil er dachte, dass das neue Mäuse sind«, sagt Flo und stemmt die Hände in die Seiten.

Wir gucken uns an und rennen sofort los. Ich bin ein bisschen schneller als Flo, deshalb komme ich auch vor ihr am Brückenweg an.

Mats rast mit seinem Fahrrad auf mich zu, aber ich stelle mich einfach mitten auf den Weg.

»Mach Platz, ich muss da durch!«, brüllt er mich an, doch ich gehe da nicht weg.

Ich will jetzt sofort wissen, was Mats mit unseren Mäusen gemacht hat.

Mats tritt in die Bremse, und beinahe rutscht sein Hinterrad weg, weil er so schnell fährt.

»Du blöde Kuh«, schreit er, »du stehst mitten auf der Rennstrecke.«

»Man darf nicht blöde Kuh sagen«, sagt Flo und guckt Mats ganz streng an. »Und außerdem bist du selber eine blöde Kuh. Du hast unsere Mäuse geklaut.«

»Eure Mäuse interessieren mich nicht die Bohne«, antwortet Mats und schnaubt. »Ich fange jetzt Ratten. Dafür krieg ich nämlich einen ganzen Euro. Pro Stück. Wollt ihr welche kaufen?«

»Hast du auch Babyratten?«, fragt Flo.

Aber da sage ich, dass wir keine Ratten

kaufen, sondern dass wir wissen wollen, wo Specki und Käsi und Öhrchen und Piepsi sind.

»Die schlafen jetzt wahrscheinlich«, erklärt Mats und guckt dabei schlau.

»Sag ich doch«, sagt Flo mit ganz eifriger Stimme und sieht mich an.

»Ja, und wann fressen die mal?«, frage ich nach.

»Mäuse sind am liebsten nachts wach. Manchmal auch tagsüber, aber nachts rennen sie die ganze Zeit rum und spielen und fressen«, sagt Mats und guckt noch schlauer. Er steigt auf sein Fahrrad und rast wieder los.

Flo steht neben mir und macht ein geheimnisvolles Gesicht. Dann flüstert sie plötzlich: »Wir können doch auch mal nachts rausgehen. Und dann besuchen wir unsere Mäuse. Und wir machen alle zusammen ein Mitternachtspicknick.«

Flo ist ziemlich mutig, obwohl sie noch so klein ist. Ich bin auch mutig, aber Flo ist manchmal noch mutiger als ich. Dafür kann ich schneller rennen als sie.

»Aber nachts ist es draußen doch dunkel«, sage ich besorgt.

»Wir müssen natürlich eine Taschenlampe mitnehmen«, antwortet Flo.

»Und kalt«, ergänze ich.

»Wir können ja auch eine Decke mitnehmen«, schlägt Flo vor.

Und genau in dem Moment ruft Mama uns, weil nämlich das Mittagessen fertig ist. Dafür haben wir jetzt eigentlich überhaupt keine Zeit mehr, aber da versteht Mama keinen Spaß. Essen ist Essen und wir müssen reingehen.

Auf dem Tisch steht ein riesiger Berg leckerer Pfannkuchen. Einmal habe ich sieben Pfannkuchen hintereinander gegessen und Flo fünf. Aber heute nehmen wir jeder nur einen einzigen kleinen Pfannkuchen, weil wir nämlich am liebsten sofort alles für unser geheimes Mitternachtspicknick vorbereiten würden.

»Seid ihr schon satt?«, fragt Mama uns.

»Hoffentlich werdet ihr nicht krank«, sagt Papa und legt die Stirn in Falten.

Da müssen Flo und ich kichern.

»Was ist denn so lustig?«, fragt Papa. »Dürfen Mama und ich auch mitlachen, wenigstens ein kleines bisschen?«

Aber da sagen Flo und ich, dass das leider

nicht geht, weil wir nämlich über ein Geheimnis lachen.

Wenn Mama und Papa nicht in die Gärtnerei und ins Büro müssen, dann machen sie nach dem Essen immer Mittagsschlaf. Meistens finden Flo und ich das blöd, weil wir dann leise sein müssen.

»Malt doch in der Zwischenzeit ein schönes Bild«, sagt Mama immer, »und wenn Papa und ich wieder wach sind, dann staunen wir darüber.«

Aber heute passt uns das mit dem Schlafen und dem Leisesein ziemlich gut, weil wir ja viel für unser Mitternachtspicknick mit den Mäusen vorbereiten müssen, und Mama und Papa sollen natürlich nichts merken.

Ich weiß, dass Papa in seiner Werkstatt eine Taschenlampe hat. Das ist keine normale Taschenlampe, sondern eine, die man mit Gummibändern am Kopf festmachen kann. Die setzt er immer auf, wenn er unser Auto repariert, dann kann er in den Motor gucken und trotzdem beide Hände benutzen.

Wenn Papa die Gummiband-Lampe auf dem Kopf hat, lacht Mama immer und sagt: »Ich habe wirklich den schönsten Mann von allen geheiratet.«

Flo und ich finden das ein bisschen komisch, weil uns Papa ohne Lampe an der Stirn eigentlich besser gefällt. Aber für unser Mitternachtspicknick ist die Lampe natürlich nützlich, weil wir ja auch noch die Decken und das Essen tragen müssen, und dafür brauchen wir unsere Hände.

Flo und ich dürfen überhaupt gar nicht und niemals an Papas Werkzeug gehen.

»Aber eine Lampe ist gar kein Werkzeug«, sagt Flo. »Eine Lampe ist eine Lampe.«

Da hat sie natürlich recht. Und wenn eine Lampe gar kein Werkzeug ist, dann dürfen wir sie wahrscheinlich sogar nehmen. Deshalb sausen Flo und ich ganz schnell in die Werkstatt und holen sie uns.

Dann brauchen wir noch Decken, aber das ist leicht. Die liegen ja in unseren Betten.

Und Essen. Flo und ich nehmen uns eine Plastiktüte aus der Speisekammer und stellen einen Stuhl vor den Kühlschrank.

»Ich darf das Essen aussuchen, weil ich die Idee hatte«, sagt Flo.

»Aber ich bin älter als du«, sage ich und beinahe kriegen wir Streit.

Aber dann klettern wir einfach zusammen auf den Stuhl und jeder sucht etwas aus. Ich nehme zwei Scheiben Schinken, zwei Scheiben Mortadella und dann finde ich ganz hinten im Kühlschrank auch noch Frikadellen. Und Flo holt zwei kalte Pfannkuchen und sechs Scheiben Käse heraus.

»Das ist für uns und für die Mäuse«, sagt sie. »Was glaubst du denn, wie die sich freuen werden.«

Und dann haben wir alles fertig vorbereitet und müssen nur noch darauf warten, dass es Abend wird. Ich glaube, ein Nachmittag ist noch nie so langsam vergangen!

Aber dann sagt Mama endlich doch noch, dass wir ins Bett müssen. Sonst antworten

Flo und ich immer, dass es draußen noch gar nicht richtig dunkel und dass Mats bestimmt auch noch wach ist und dass wir noch ganz kurz ein kleines bisschen spielen müssen.

Aber heute ziehen wir uns sofort die Schlafanzüge an und verstecken schnell das Essen für unser Picknick und Papas Lampe unter unseren Betten. Dann legen wir uns hin und ziehen uns die Decken bis zur Nasenspitze.

Mama ist sehr erstaunt, als sie in unser Zimmer kommt.

»Na, was ist das denn?«, ruft sie. »Das ist ja eine tolle Überraschung! Ihr seid tatsächlich meine großen Mädchen. Was ihr schon alles alleine könnt!«

Flo reißt ganz weit den Mund auf und tut so, als müsste sie gähnen. Dabei guckt sie heimlich zu mir hinüber und wir müssen ein bisschen lachen. Und dann gähnt sie noch einmal, aber dieses Mal richtig. Und dann sagt Mama uns endlich Gute Nacht und geht nach unten.

Erst liegen Flo und ich ganz still nebeneinander und warten.

»Wann ist denn eigentlich Mitternacht?«, flüstert Flo.

»Noch nicht«, antworte ich. »Wir müssen jetzt einfach so lange wach bleiben, bis Mama und Papa endlich ins Bett gehen.«

Dann sind wir wieder still.

»Glaubst du, dass Mama und Papa jetzt bald ins Bett gehen?«, fragt Flo.

»Ein bisschen dauert das noch«, sage ich.

Dann sind wir wieder still und Flo zieht sich ihre Schmusedecke über den Kopf.

Und plötzlich höre ich, dass sie leise schnarcht. Das gibt es doch wohl nicht!

»Flo«, flüstere ich, aber sie antwortet nicht. Ich stehe aus meinem Bett auf und gehe zu ihr hinüber. »Flo«, sage ich noch einmal und rüttele sie ein bisschen am Arm.

»Lass mich«, knurrt Flo und dreht sich dabei schnell um.

So langsam werde ich richtig wütend.

»Flo!«, zische ich. »Du musst aufwachen! Wir wollen doch ein Mitternachtspicknick mit den Mäusen machen!«

Aber Flo rührt sich überhaupt nicht. Sie schmatzt ein bisschen und schnarcht und schläft ganz tief und fest.

Das ist jetzt wirklich richtig blöd! Alleine will ich nämlich nicht in den Garten gehen. Das ist mir zu gruselig. Ich setze mich hin und überlege.

»Es gibt für alles eine Lösung, man muss nur richtig nachdenken«, sagt Papa immer.

Und plötzlich fällt sie mir ein: Ich mache trotzdem ein Mitternachtspicknick. Aber drinnen.

Ich krabbele unter mein Bett und hole unsere Sachen aus dem Geheimversteck. Ich setze mir die Taschenlampe auf den Kopf und breite das ganze Picknick auf meiner Bettdecke aus. Und dann esse ich: zwei Scheiben Schinken, zwei Scheiben Mortadella, zwei Pfannkuchen und eine Frikadelle.

Und dann bin ich satt, richtig knallsatt.

Damit Flo morgen früh nicht traurig ist, lege ich ihr auch noch eine Frikadelle auf das Kopfkissen.

Ein bisschen ungerecht ist es jetzt natürlich für die Mäuse, die wollten ja eigentlich auch Mitternachtspicknick machen. Aber dann habe ich noch eine Idee: Ich mache kurz das Fenster auf und werfe die sechs Scheiben Käse nach draußen auf die Terrasse. Nachts rennen Piepsi und Specki und Käsi und Öhrchen ja immer durch den Garten und spielen und fressen. Dabei finden sie dann bestimmt den Käse und freuen sich.

Und dann krieche ich in mein Bett und rolle mich in meine Decke ein. Ist das gemütlich! Ich muss gähnen und beinahe fallen mir schon die Augen zu. Ich bin auf einmal so schrecklich müde.

Und ganz froh.

Wie wir einmal alleine einen echten Riesen-Vulkan-Kuchen gebacken haben

Nebenan wohnt unser Cousin Mats zusammen mit Onkel Jussi, das ist sein Papa. Seine Mama lebt woanders, aber das habe ich ja schon erzählt.

Onkel Jussi kann nicht so gut kochen, nämlich nur vier Sachen: Montag und Dienstag gibt es bei Mats immer Nudeln mit Ketchup, Mittwoch und Donnerstag Rührei mit Ketchup, Freitag und Samstag Bratkartoffeln mit Spiegelei, und Sonntag brät Onkel Jussi für Mats Pfannkuchen und für sich selbst ein Steak, weil da nämlich ein Festtag ist, sagt Mats.

Eines ist wirklich toll: Mats muss bei seinem Papa überhaupt niemals Spinat essen und auch keinen Salat. Mama sagt, das ist ein echter Männerhaushalt, und deshalb haben Flo und ich uns überlegt, dass wir auch einen Männerhaushalt haben wollen, wenn wir groß sind.

Mats ist übrigens schon fast erwachsen. Er ist zwölf und morgen hat er Geburtstag – da wird er sogar schon 13! Sein allergrößter Wunsch ist ein Rennrad, weil er später nämlich mal Radrennfahrer werden will oder vielleicht auch Bauer. Aber das habe ich ja schon erzählt.

Am liebsten würden Flo und ich ihm ein Rennrad schenken. Nach dem Mittagessen zähle ich deshalb das ganze Geld aus meinem Sparschwein und dann auch noch das Geld aus Flos Sparschwein, weil sie nämlich noch nicht richtig rechnen kann.

Ich habe 11,79 Euro und Flo nur 1,42 Euro, sie spart viel weniger als ich und gibt stattdessen immer alles für Gummischnuller und Schokolade aus. Wir haben zusammen also 13,21 Euro, aber das ist leider nicht genug für ein Rennrad. »Das reicht noch nicht einmal für die Klingel«, sagt Mama. Deshalb müssen Flo und ich uns jetzt ein anderes Geschenk ausdenken.

»Vielleicht können wir ihm einfach ein Bild malen, auf dem ein Rennrad drauf ist?«, schlägt Flo vor.

Aber ich glaube, das findet Mats nicht so toll, weil er darauf ja nicht wirklich fahren kann.

»Jetzt weiß ich!«, ruft Flo. »Wir schenken ihm ganz viele Schuhkartons, dann kann er noch mehr Ratten fangen und sie darin einsperren und kriegt dann ganz viel Geld von Onkel Jussi.«

Ich denke kurz nach. Mama hat ziemlich viele Schuhkartons. Aber ich glaube nicht, dass wir die Mats einfach schenken dürfen.

Und genau in dem Moment fällt es mir plötzlich ein. »Ich hab's«, rufe ich. »Wir backen für Mats eine leckere Torte! Eine echte Geburtstagstorte! Onkel Jussi kann doch nur Pfannkuchen machen – und darauf kann man ja wohl keine 13 Kerzen stellen!«

»Aber das machen wir ganz alleine«, sagt

Flo. »Es ist ja auch *unsere* Überraschung für Mats.« Und damit hat sie recht, finde ich.

Wir müssen also mal wieder warten, bis Mama und Papa Mittagsschlaf machen, und dann legen wir los.

Als Erstes binden Flo und ich Schürzen um, das machen Mama und Papa nämlich auch immer so, wenn sie backen. Dann holen wir alle Backbücher aus dem Regal und gucken uns die Bilder an.

Flos Lieblingstorte sieht so aus: rosa und obendrauf sind Perlen aus Zuckerguss und weiße Schokoküsse und Schirmchen und Kerzen. Aber in der Vorratskammer sind keine Schokoküsse und keine Schirmchen und keine Perlen, das ist natürlich blöd.

Mein Lieblingskuchen ist Schokoladenkuchen aus Schokoladenteig mit ganz viel Schokoladenguss obendrauf. Und natürlich auch Kerzen.

»Wir machen einen Schokokuchen«, sage ich entschlossen zu Flo.

»Nö«, antwortet Flo stur. »Schokokuchen ist braun, und braun finde ich blöd.«

»Doch«, sage ich. »Du kannst nämlich überhaupt noch nicht das Rezept lesen. Und weil ich das Rezept lesen muss, darf ich auch bestimmen, welchen Kuchen wir backen.«

»Dann mache ich einfach nicht mehr mit!«, schreit Flo und stampft mit dem Fuß auf. »Und du bist auch nicht mehr meine Schwester!«

»Mann, Flo«, zische ich. »Pst! Sonst wachen Mama und Papa noch auf! Und außerdem:

Schwester ist man doch für immer. Du bist echt dumm!«

Flo verschränkt die Arme und guckt mich dabei wütend an.

Eigentlich würde ich mich ganz gerne wieder vertragen, damit wir endlich mit dem Backen anfangen können.

»Gut, Flo«, sage ich deshalb. »Wir legen oben auf den Kuchen eine 13 aus bunten Schokolinsen. Dann ist der Kuchen nicht braun, sondern bunt – und bunt magst du doch gern.«

Flo schiebt die Unterlippe nach vorne, zieht die Augenbrauen nach unten und guckt ganz grimmig. So sieht sie immer aus, wenn sie beleidigt ist.

»Aber dann machen wir nicht nur eine 13 aus Schokolinsen, sondern auch noch Blumen«, sagt sie schließlich. Und dann vertragen wir uns und können endlich anfangen zu backen.

»Wir machen das jetzt so«, sage ich zu Flo. »Ich lese vor, was wir brauchen, und dann holen wir alle Sachen aus der Speisekammer und dem Kühlschrank. Also: Vier Eier. 250 Gramm Mehl, 100 Gramm Butter, 200 Gramm Zucker, 100 Gramm Kakao.«

»Was ist denn Gramm?«, fragt Flo.

Leider weiß ich das auch nicht. »Gramm lassen wir weg«, sage ich deshalb. »Wir nehmen nur Eier, Mehl, Butter, Zucker und Kakao.«

Und so machen wir es. Wir stellen alle Zutaten in die Küche. Jede von uns schlägt zwei Eier in die Rührschüssel, das ist gar nicht so einfach.

Flo tut dann noch einen ganzen Butterklumpen und auch eine ganze Packung Zucker dazu.

Ich kippe eine Packung Mehl und eine Schachtel Kakao in die Schüssel. Also fast eine ganze Packung Mehl, ein bisschen was geht auch daneben, weil Flo mich aus Versehen anrempelt.

Danach nehmen wir zwei Kochlöffel und rühren kräftig um. Dabei staubt ziemlich viel Mehl und Kakaopulver in der Küche herum. Aber so ein richtiger Teig wird das irgendwie nicht, deshalb rühren wir noch schneller. Und dann kriegen wir beide ganz lahme Arme und machen eine Pause.

Ich gucke noch einmal ins Kochbuch, und

da sehe ich plötzlich, dass wir eine Sache ganz vergessen haben.

»Wir müssen noch etwas holen!«, rufe ich. »Hier steht: drei Msp. Backpulver.«

»Was ist denn *Mm-sss-p*?«, fragt Flo und muss ein bisschen kichern, weil das Wort so lustig klingt.

»Ich glaube, das bedeutet drei Päckchen«, antworte ich. Und deshalb kippen wir auch noch drei Tüten Backpulver in die Schüssel. Aber hinterher sieht der Teig leider immer noch nicht wie ein Teig aus.

»Der muss irgendwie nasser sein«, sage ich.

»Wir können ja ein bisschen Wasser dazutun«, schlägt Flo vor.

Manchmal hat Flo wirklich ziemlich gute Ideen, obwohl sie ja noch so klein ist. Wir holen also eine Tasse Wasser, kippen sie in

unsere Schüssel, rühren das Ganze um – und plötzlich wird aus dem Mehl ein richtiger Teig!
Juchhu!

»Wir müssen mal probieren, ob der auch lecker ist«, sagt Flo.

»Aber jeder darf nur einen Löffel, sonst haben wir nicht mehr genug für den Kuchen«, antworte ich.

Der Teig schmeckt köstlich und am liebsten würde ich jetzt doch noch viel mehr davon probieren.

»Hol du doch mal die Backform«, sage ich.

Ausnahmsweise macht Flo sofort, was ich will.

Als sie weg ist, esse ich heimlich noch zwei Löffel Teig und schlucke ihn ganz schnell runter. Und genau in dem Moment höre ich, wie die Schlafzimmertür von Mama und Papa aufgeht.

»Flo!«, flüstere ich. »Mama und Papa kommen! Wir müssen uns schnell verstecken!«

Aber sie hört mich nicht, weil sie noch in der Speisekammer ist und die Backform sucht. Deshalb renne ich schnell zu ihr und mache die Tür hinter uns zu. Sicherheitshalber schalte ich auch noch das Licht aus, damit Mama und Papa uns nicht sofort finden.

»Mimi, mach das Licht an!«, kreischt Flo. »Ich seh nix mehr!«

»Pst!!«, zische ich. »Mama und Papa sind aufgewacht und wir müssen uns verstecken!«

»Ich seh nix!«, brüllt Flo. »Das ist mir echt UN-HEIM-LICH!«

Flo ist manchmal wirklich noch sehr klein. Sie versteht einfach gar nichts. Doch bevor ich noch etwas sagen kann, geht die Tür der Speisekammer auf und das Licht an.

Und da steht Mama. Sie stemmt die Hände in die Hüften und fragt: »Sagt mal, spinnt ihr eigentlich?«

»Nö!«, schreit Flo zurück. »Ich spinne kein bisschen!«

»Aber ich glaube, ICH spinne!«, ruft Mama jetzt auch ziemlich laut. »Was ist denn in der Küche passiert? Da ist alles voller Mehl und Kakao und überall klebt Teig, so ein Chaos hab ich noch nie gesehen!«

»Wir backen«, kreischt Flo.

»Sie backen!«, ruft Mama und dreht sich zu Papa um. »Das darf doch nicht wahr sein! Wahrscheinlich für die Mäuse! Irgendwann dreh ich hier noch durch!«

»Nö!«, brüllt Flo. »Nicht für die Mäuse. Für Mats! Du verstehst echt gar nichts, Mama!«

»Florentine und Mimi! Jetzt ist aber

Schluss! Jetzt verschwindet ihr beide in euer Zimmer, und da bleibt ihr so lange, bis ihr wieder normal seid!«, sagt Mama streng und zeigt auf die Tür.

Ich gucke Papa an, aber der sieht auch richtig streng aus.

»Komm, Flo«, sage ich. »Wir gehen.«

Und das machen wir dann auch. Wir marschieren in unser Kinderzimmer und Flo knallt laut die Tür hinter uns zu.

»Mama und Papa sind echt doof«, sagt Flo und setzt sich auf einen Stuhl. Sie ist wirklich total sauer.

Ich bin nicht so wütend. Eigentlich würde ich mich sogar ganz gerne wieder mit Mama und Papa vertragen.

»Also, ich bin jetzt übrigens wieder normal«, sagt Flo und geht zur Tür.

»Warte mal eben«, sage ich und überhole sie. »Ich komme mit.«

Ich mache die Tür auf und gehe in die Küche, Flo läuft hinter mir her. Mama und Papa sitzen am Tisch und gucken uns ziemlich ernst an.

»Und?«, fragt Papa und zieht die Augenbrauen hoch.

»Entschuldigung«, sage ich. »Tut uns leid.«

Ich stupse heimlich Flo an. Sie sagt erst gar nichts und sieht immer noch wütend aus. Ich stupse sie wieder an, dieses Mal etwas doller.

»Schuldigung«, nuschelt Flo und guckt noch grimmig.

Und dann setzen wir uns zu Mama und Papa an den Tisch und erzählen ihnen alles.

Dass Mats doch Geburtstag hat und dass Onkel Jussi nur Pfannkuchen backen kann und dass wir ihm deshalb eine Torte schenken wollen und dass ich extra das Rezept gelesen habe.

»Hm«, sagt Papa, als wir fertig sind. »Ich glaube, ich habe eine Idee. Wir machen das so: Mimi und Flo, ihr beide putzt die Küche. Und während ihr das macht, rühre ich den Teig noch einmal mit dem Mixer. Und dann fülle ich ihn in eine Backform und wir stellen ihn in den Ofen. Was meint ihr?«

Flo und ich finden die Idee super. Mama sagt, wenn sie jetzt ganz alleine nach draußen in den Garten gehen und in aller Ruhe Unkraut jäten darf und Papa alles mit dem Kuchen macht, dann findet sie seinen Vorschlag auch gut.

Und so machen wir es. Papa stellt den Kuchen in den Ofen und hilft Flo und mir danach noch ein bisschen beim Saubermachen.

Und dann setzen wir uns zusammen aufs Sofa und Papa liest uns ein Buch vor. Und das ganze Haus duftet so gut nach Kuchen, dass mir das Wasser im Mund zusammenläuft, und alles ist so gemütlich und so schön.

Schließlich piept die Uhr am Ofen und der Kuchen ist fertig. Wir laufen gemeinsam in die Küche.

»Ihr bleibt bitte da vorne stehen«, sagt Papa. »Der Kuchen ist heiß, ich will nicht, dass ihr euch verbrennt.«

Und dann dreht er sich zum Ofen um und kriegt große, kugelrunde Augen und sein

Mund bleibt offen stehen. »Ach du liebes bisschen«, sagt er. »Was ist das denn?«

Und dann sehen Flo und ich auch, was los ist. Der Kuchen ist riesig.

Der Teig ist nämlich aus der Backform gequollen, fast bis zur Scheibe vom Backofen und beinahe bis zur Decke. Ein bisschen so wie ein explodierter Vulkan.

»Das ist eine echte Riesentorte!«, ruft Flo und klatscht begeistert in die Hände.

»Wie viel Backpulver habt ihr eigentlich in den Teig getan?«, fragt Papa und zieht eine Augenbraue hoch.

»Drei Tüten«, sagt Flo eifrig und freut sich.

Und dann erklärt Papa uns, dass Kuchen durch Backpulver ganz groß werden und dass man eigentlich nur ein winziges bisschen in den Teig tut. Und dass »Msp.« eigentlich »Messerspitze« heißt. Wir hätten also nur so viel Backpulver in den Teig kippen dürfen, wie vorne auf die Spitze von drei Messern passt. Und dass wir uns das merken sollen, falls wir mal wieder Kuchen backen.

»Also ich meine, wenn ihr erwachsen seid und dann einen Kuchen backen wollt«, sagt Papa. Und dann holt er den Riesenkuchen aus dem Ofen.

»Na, da wird Mats aber staunen!«, sagt er. »Und Mama erst!«

Das glauben Flo und ich auch. Wir sind richtig stolz.

Und ganz froh.

Wie wir einmal (fast) bis zum Grundwasser gebuddelt haben

Flo und ich haben sieben Tiere. Vier Mäuse, zwei Kaninchen und einen Kater, aber das habe ich ja schon erzählt. Wir hätten am liebsten auch noch einen Hundewelpen, aber das will Mama nicht. Und einen kleinen Bruder, aber das will Mama auch nicht. Und ein Zwergnilpferdbaby. Davon weiß Mama aber noch gar nichts.

Manchmal lese ich nämlich in der Zeitung. Und darin steht heute, dass das Zwergnilpferd Lissi im Zoo ein Baby bekommen hat, das Töffi heißt. Ein Foto ist auch dabei.

Ich glaube, ein Zwergnilpferdbaby ist das niedlichste Tier auf der ganzen Welt. Es hat ganz kleine Ohren und ziemlich große Nasenlöcher und dicke runde Füße. Und es ist so winzig wie ein Hundewelpe.

Und dann steht da auch noch, dass Lissi sich gar nicht richtig um ihr Kind kümmert und die Tierpfleger es deshalb mit einer echten Babyflasche füttern müssen. Aber die sollen sich ja auch noch um alle anderen Tiere im Zoo kümmern! Die haben bestimmt gar keine Zeit, mit Töffi auch zu kuscheln und zu spielen!

Ich renne sofort nach draußen und suche Flo. Endlich finde ich sie bei den Kaninchen.

»Flo«, rufe ich. »Du musst ganz schnell mitkommen, ich muss dir was zeigen.«

»Ich komme gleich«, antwortet Flo und dann nimmt sie ein Löwenzahnblatt und hält es Knolle hin.

»Flo! Du musst jetzt kommen!«, sage ich

ganz ungeduldig. »Es ist dringend! Wir müssen ein Zwergnilpferdbaby retten!«

Flo guckt mich an. »Ein echtes??«, fragt sie, und ich kann hören, dass sie das nicht wirklich glaubt.

»Na klar ein echtes«, antworte ich und renne ins Haus.

Da knallt Flo plötzlich die Kaninchenstalltür zu und flitzt hinter mir her.

»Siehst du!«, sage ich zu Flo und zeige ihr die Zeitung mit dem Foto von dem Zwergnilpferdbaby. »Seine Mama kann gar nicht richtig für das Kleine sorgen und die Tierpfleger müssen doch auch noch alle anderen Tiere im Zoo füttern. Und deshalb muss sich jemand richtig um Töffi kümmern.«

»Wer denn?«, fragt Flo.

»Na, wir!«, antworte ich.

Flo macht große Augen. »Glaubst du denn, dass das geht?«, fragt sie.

»Warum nicht?«, antworte ich. »Am einfachsten wäre es natürlich, wenn Töffi direkt bei uns wohnt.«

»Das erlaubt Mama nie im Leben«, sagt Flo. »Wahrscheinlich findet sie Nilpferde im Haus eklig, so wie Mäuse.« Aber da schlage ich vor, dass Töffi ja auch im Garten leben kann.

Doch jetzt haben wir noch ein anderes Problem. Denn wie sollen wir Töffi bloß zu uns nach Hause bringen? Wir haben ja gar kein Auto.

»Vielleicht können wir mit dem Fahrrad zum Zoo fahren«, schlägt Flo vor.

»Das dürfen wir doch gar nicht alleine«, antworte ich. »Und außerdem: Willst du das Nilpferdbaby vielleicht auf den Gepäckträger klemmen?«

Dann sind wir beide wieder still und überlegen weiter.

»Jetzt hab ich's! Wir fahren einfach mit dem Bus!«, ruft Flo.

»Mensch, Flo!«, sage ich streng. »Hier fährt doch nur der Schulbus. Ich kann ja wohl schlecht von der Schule gleich zum Zoo rennen, das Nilpferdbaby abholen und es dann im Bus mit nach Hause bringen! Wo soll ich es denn dann verstecken? Im Ranzen vielleicht?«

»Dann denk dir doch selber was aus«, motzt Flo und ist ein bisschen beleidigt.

Ich überlege. Aber mir fallen leider nur Lösungen ein, die nicht funktionieren. Und genau in dem Moment höre ich, dass Papa reinkommt.

»Ist denn hier niemand zu Hause?«, ruft er.

Flo rennt sofort los und springt Papa fröhlich in den Arm.

»Und wo ist meine Große?«, fragt Papa.

»Na hier!«, antworte ich. »Ich kann gerade

nicht, Papa! Ich muss ein bisschen nachdenken!«

Papa kommt zu mir an den Tisch und gibt mir einen Kuss auf die Haare.

»Worüber musst du denn nachdenken?«, fragt er dann. »Vielleicht kann dein alter Vater dir ja ein bisschen dabei helfen?«

»Papa«, sage ich. »Wie würdest du denn ein Nilpferd transportieren?«

»Ein Nilpferd?«, fragt Papa. »Wahrscheinlich würde ich es mit einem Anhänger transportieren. Wofür willst du das denn wissen?«

»Mimi und ich müssen ein Zwergnilpferd retten«, sagt Flo eifrig und hält Papa die Zeitung mit dem Bild von Töffi hin. »Seine Mama kümmert sich nämlich nicht richtig. Und es kann doch bei uns im Garten wohnen!«

»Mann, Flo, du blöde Petze«, zische ich. »Das sollst du Papa doch nicht verraten!«

»Aber du hast nicht gesagt, dass es ein Geheimnis ist«, ruft Flo und zieht einen Flunsch. »Papa, Mimi hat gar nicht gesagt, dass ich es nicht verraten darf. Ich bin keine Petze!«

»Bist du wohl!«, schreie ich Flo an und trete sie ans Bein.

Doch dann hält Papa mich plötzlich am Pullover fest und zieht Flo am Arm zurück. »Stopp, stopp, stopp«, ruft er. »Nicht streiten! Mimi, du sollst nicht treten! Und Flo, du hörst jetzt sofort auf zu kreischen!«

Flo und ich gucken uns wütend an.

»Mimi, das Nilpferd kann hier leider nicht wohnen«, sagt Papa und klingt ganz ernst. »Nicht, weil Flo es verraten hat oder weil wir es nicht abholen könnten. Einen Anhänger habe ich ja sogar. Aber: Wir haben keinen Teich! Ein Nilpferd braucht einen großen See zum Schwimmen. Sonst trocknet es aus und stirbt.«

Das habe ich nicht gewusst.

»So, ihr beiden«, sagt Papa dann. »Und jetzt geht ihr mal in den Garten zum Spielen. Es ist so schönes Wetter! Ich muss noch ein bisschen am Schreibtisch arbeiten.«

Flo und ich laufen nach draußen und setzen uns auf die Bank neben dem Kaninchenstall. Ich denke an das arme kleine Nilpferd. Also zumindest versuche ich es.

Aber dann stört Flo mich und sagt: »Guck mal, da kommt Mats!«

Er fährt nicht auf seinem Fahrrad, so wie

sonst immer. Sondern er sitzt alleine oben auf Onkels Jussis großem Traktor, und als er uns sieht, gibt er Gas und hupt. Mats ist ja schon 13, und deshalb kann er das ganz alleine.

Mama findet das nicht so gut. »Dass du Mats das erlaubst, finde ich UN-VER-ANT-WORTLICH!«, sagt sie immer zu Onkel Jussi.

Aber der lacht dann nur und sagt, sie soll sich mal nicht so anstellen. »Auf meinem Hof bestimme immer noch ich, wer Traktor fährt!«, ruft er dann jedes Mal.

Ich winke Mats zu und plötzlich habe ich eine Idee. Eine richtig gute Idee.

»Komm mit, Flo, schnell!«, rufe ich und renne zum Brückenweg.

»Was ist denn jetzt schon wieder los?«,

fragt sie verwundert, aber ich habe gerade keine Zeit zum Erklären.

Mats hält sofort an, als er uns sieht.

»Wollt ihr mitfahren?«, fragt er und grinst.

»Ja, und außerdem muss ich dich was fragen«, rufe ich ziemlich laut, weil der Traktor so einen Krach macht. Ich klettere schnell nach oben zu ihm und halte Flo die Hand hin, damit sie es auch schafft.

»Mats, Papa hat gesagt, wenn wir einen großen Teich hätten, dann könnten Flo und ich ein Zwergnilpferd kriegen. Er würde das dann mit dem Anhänger im Zoo abholen«, sage ich entschlossen. »Aber wir haben keinen großen Teich für das Nilpferdbaby! Kannst du bei uns im Garten nicht einfach einen buddeln? Mit deiner großen Schaufel vorne am Traktor?«

Mats wiegt den Kopf hin und her und zieht die Stirn in Falten. »Das könnte ich schon«, sagt er dann langsam. »Aber: Das kostet ein bisschen. Wie viel Geld habt ihr denn?«

»13,21 Euro«, antworte ich schnell.

»Das reicht«, sagt Mats.

»Aber woher kriegen wir denn das Wasser für den See?«, fragt Flo.

Daran habe ich noch gar nicht gedacht. Also manchmal ist Flo wirklich schlau.

Mats guckt sie an und zieht die Augenbrauen hoch. »Mann, Flo. Ich buddel einfach tief genug, dann läuft das Loch ganz von selbst voll mit Wasser!«

Und dann erklärt er uns, dass tief unter dem Rasen Wasser fließt, das heißt Grundwasser. Das hat er in einem Buch gelesen.

»Sind in dem Grundwasser auch Fische und Seehunde?«, fragt Flo.

Da sagt Mats, das glaubt er eigentlich nicht. Aber wir können natürlich nachschauen, wenn der See fertig ist.

Und dann legt Mats los. Flo und ich stehen auf der Terrasse und gucken zu, wie er mit der Traktorschaufel ein Loch in unseren Rasen buddelt. Erst ist es ziemlich klein.

»Also da passt doch kein Nilpferd rein, noch nicht mal ein winziges«, sagt Flo.

Aber Mats ist ja noch nicht fertig. Er buddelt und buddelt und buddelt. Als Erstes gräbt er das ganze Gras weg und danach hebt er die Erde darunter aus.

»Mensch, Mimi«, ruft Flo. »Jetzt ist das wirklich ein Superloch! Vielleicht können wir an den Rand noch unsere Rutsche stellen, dann haben wir eine echte Wasserrutsche und können da auch mal schwimmen gehen!«

Und dann stellt Mats den Traktor ab. Das Loch ist riesig. Es ist fast so groß wie das Becken im Schwimmbad. Mats steht stolz am Rand und nickt zufrieden.

»Also, wenn hier kein Nilpferd schwimmen kann, dann weiß ich auch nicht«, sagt er.

»Aber Mats, in dem Loch ist ja gar kein Wasser«, ruft Flo. »Du musst tiefer buddeln, bis zum Grundwasser!«

»Tiefer geht nicht«, antwortet Mats. »Und ich muss jetzt auch gleich los, weil Papa bald nach Hause kommt. Aber ihr könnt das Loch doch einfach mit dem Gartenschlauch vollllaufen lassen.«

Und da hat er natürlich recht.

»Ich kriege noch Geld von euch«, fügt Mats noch hinzu. »Das hätte ich beinahe vergessen.«

»Flo, ich hole schnell noch den Gartenschlauch und du unsere Spardosen«, schlage ich vor und Flo saust direkt ins Haus.

Kurze Zeit später geht die Haustür wieder auf und Flo kommt heraus. In der einen Hand hält sie die Spardosen und mit der anderen zieht sie Papa hinter sich her.

»Guck mal, Papa!«, ruft sie stolz. »Das haben wir ganz alleine gemacht! Wir müssen das Loch nur noch mit dem Wasserschlauch volllaufen lassen, dann können wir los und das Nilpferd abholen!«

Papa bleibt stocksteif stehen und seine Augen werden kugelrund. »W-W-Was ist das denn?«, stottert er. »Wo ist mein Rasen? Und w-w-was ist das für ein riesiges Loch???«

»Mann, Papa«, antwortet Flo. »Du hast uns doch gesagt, dass wir einen See brauchen. Für das Nilpferdbaby. Und jetzt ist er schon fast fertig!«

Papa atmet tief ein und wieder aus. Dann guckt er Mats ganz ernst an.

»Sag mal, du bist doch schon 13, oder?«, fragt er, obwohl er das ja eigentlich wissen müsste, weil wir doch erst vor ein paar Tagen alle zusammen Mats' Geburtstag gefeiert haben. »Es dürfte für dich doch nichts Neues sein, dass man nicht einfach ein Riesenloch in einen Garten buddeln darf. Für ein Nilpferd! Ich glaub, ich spinne!«

»Also Mimi und Flo haben gesagt, dass du den See haben willst!«, antwortet Mats.

»Das stimmt, Papa«, sage ich schnell. »Das hast du gesagt!«

»Soso. Also ich wollte den See haben. Damit ich mich endlich auch noch um ein Nilpferd kümmern kann«, brummt Papa und guckt schon ein bisschen weniger streng.

»Jetzt hört mir mal zu, ihr drei«, sagt er dann und seufzt. »Ihr habt mich vorhin vollkommen falsch verstanden. Das Nilpferd kann hier nicht wohnen.

Das will hier auch gar nicht wohnen. Das will bei seiner Mama bleiben, auch wenn die im Moment nicht so viel Zeit hat. Und außerdem hat es ja auch noch einen Papa, mit dem es spielen kann.«

Daran hatte ich noch gar nicht gedacht.

»Und deshalb musst du das Loch jetzt wieder zuschütten«, sagt Papa zu Mats.

Und das macht Mats dann auch, obwohl ich sehen kann, dass er es schon ein bisschen schade findet.

Es dauert ziemlich lange. Als Mats endlich fertig ist, winkt er nur und fährt mit dem Traktor nach Hause.

Er denkt gar nicht mehr daran, dass Flo und ich ihm noch Geld für das Riesenloch schulden. Das ist natürlich gut, weil wir es jetzt behalten können.

»Mann, Mann, Mann«, sagt Papa. »Ihr seid mir so kleine Nilpferdretter. Wir gehen jetzt gleich mal rüber zu Mama in die Gärtnerei und holen uns Rasensamen. Und dann helft ihr mir auch dabei, die zu verteilen, damit hier bald wieder Gras wächst.«

Und das machen wir dann auch. Mama staunt sehr, als sie hört, wofür wir die Samen brauchen.

Danach schneide ich das Bild von dem süßen Zwergnilpferdbaby aus der Zeitung aus und klebe es über mein Bett.

»Bist du dir wirklich ganz sicher, dass Töffi gerne im Zoo wohnt?«, frage ich Papa.

»Ja, Mimi. Ganz, ganz sicher«, antwortet Papa. »Wenn du willst, dann besuchen wir das Kleine bald mal da und gucken selber noch einmal nach«, fügt er noch hinzu.

Das ist eine gute Idee, finde ich.

Und bin ganz froh.

Ausgeschmökert? Weiterschmökern:

Band 1

Band 2

Band 3

Band 4

Band 5

Band 6

Band 7

Ziemlich beste Schwestern

Willkommen bei den besten Schwestern der Welt!

Können Giraffen miauen? Was passiert, wenn man ein Handy einpflanzt? Und wie wäre es mit einer Mäusefamilie, die ins Puppenhaus einzieht? Mimi und Flo kommen immer wieder auf neue Ideen!

Eins ist sicher: Mit diesen beiden Schwestern wird es nie langweilig!

INHALT

Öffnen Sie die Klappen dieses Buches.
Dort finden Sie die wichtigsten Infos zum Thema auf einen Blick!

DAS PRINZIP: ZUCKERFREIE SNACKS

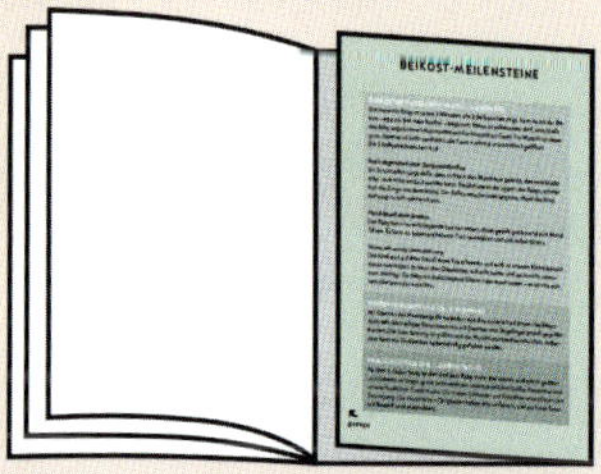

BEIKOST-MEILENSTEINE

Immer griffbereit:

WELCHE SNACKS AB WANN?

Immer griffbereit:

ENTSPANNT SNACKEN – SO GEHT'S

GU CLOU

Wussten Sie schon, dass ...?
Entdecken Sie bei einigen ausgewählten Rezepten ganz besondere Tipps mit verblüffendem Insiderwissen. Aha-Momente garantiert!

Mit diesem Symbol sind alle vegetarischen Gerichte gekennzeichnet.

Die Backzeiten können je nach Herd variieren. Unsere Temperaturangaben beziehen sich auf das Backen im Elektroherd mit Ober- und Unterhitze.

Sammeln Ihrer Lieblingsrezepte mit der »GU Kochen Plus«-App (siehe S. 64)

LENA MERZ | ANNINA SCHÄFLEIN

ZUCKERFREIE SNACKS

für Babys und Kleinkinder

FOTOGRAFIE: JULIA HOERSCH, COCO LANG

REZEPTKAPITEL

LENA MERZ UND ANNINA SCHÄFLEIN

Babys und Kleinkinder benötigen mind. 2 Zwischenmahlzeiten am Tag. Wer die selbst zubereitet, weiß genau, was enthalten ist und kann auf raffinierten Zucker und Geschmacksverstärker verzichten. Die Snacks in diesem Buch ergänzen ein gesundes Angebot aus Obst, Gemüse, belegten Broten oder Brei.

Was macht für euch einen perfekten Snack aus?

Egal ob süß oder herzhaft – wir finden, dass sich Zwischenmahlzeiten für Babys und Kleinkinder sehr gut eignen, um das Nährstoffprofil über den Tag gesehen vielseitig und ausgewogen zu gestalten. Wir kochen und backen gerne mit saisonalem Bio-Obst und -Gemüse und ergänzen unsere Rezepte mit nährstoffreichen Lebensmitteln wie Hülsenfrüchten, Haferflocken, Vollkorngetreide, Nüssen, Saaten und Körnern.

Und wenn es mal nicht schmeckt?

Wenn dem Kind bestimmte Lebensmittel nicht schmecken oder es sie einfach nicht verträgt, können unsere Rezepte ganz leicht angepasst werden. Milch- und Milchprodukte lassen sich gut durch pflanzliche Alternativen austauschen und auch Getreide, Nüsse und Saaten können nach Wunsch variiert werden. Und wenn es dem Kind mal gar nicht schmeckt: selbst essen oder später nochmal anbieten. Die meisten unserer Snacks lassen sich gut tiefkühlen und dann wieder auftauen.

Darf es auch mal was Gekauftes sein?

Natürlich, denn nur so ist ein entspanntes Familienleben möglich. Mit diesem Buch wollen wir aber zeigen, wie gut man einen Großteil der Zwischenmahlzeiten für die Kleinen mit eigenen Snacks decken kann. Die Brezel aus der Bäckerei oder die gekauften Maisstangen fallen dann gar nicht mehr ins Gewicht.

REGENBOGENSPIESSE

Je 50 g Himbeeren und Blaubeeren waschen und verlesen.

70 g Trauben waschen und ggf. halbieren.

½ Mango schälen, Fruchtfleisch vom Kern schneiden und in 2 cm große Würfel schneiden.

2 Bananen und 3 Kiwis schälen und in 1 cm dicke Scheiben schneiden.

Das Obst in folgender Reihenfolge auf 12 Holzspieße aufspießen: Himbeere, Mango, Banane, Kiwi, Blaubeere, Traube. Zum Essen den Spieß entfernen, beim Abstreifen des Obstes kann das Kind gerne mit einbezogen werden.

FÜR BABYS

Für 20 Stück • 25 Min. Zubereitung • 1 Std. Ruhen • 30 Min. Backen • Pro Stück ca. 140 kcal, 3 g E, 5 g F, 21 g KH

SÜSSKARTOFFELSCHNECKEN

KREATIV

300 g Süßkartoffeln
500 g Mehl
½ Würfel Hefe (21 g)
3 EL neutrales Öl
80 g Butter (ersatzweise vegane Pflanzenmargarine)
2 TL Ceylon-Zimtpulver

TAUSCH-TIPP
Noch saftiger werden die Schnecken mit Apfelfüllung: Einfach 1 Apfel waschen, vierteln und entkernen. Dann reiben und vor dem Aufrollen auf dem Ceylon-Zimt verteilen.

1 Die Süßkartoffeln schälen und in 1 cm große Würfel schneiden. Mit 70 ml Wasser in einen Topf geben und zugedeckt einmal aufkochen. Dann ca. 18 Min. bei kleiner Hitze weich garen, dann 20 ml Wasser dazugeben und alles pürieren.

2 Das Mehl in eine große Schüssel geben. Die Hefe in kleinen Stücken, das Öl sowie die handwarme Süßkartoffelmasse dazugeben und alles mit den Knethaken des Handrührgerätes in ca. 5 Min. zu einem glatten Teig kneten. Anschließend die Schüssel abdecken und den Teig an einem warmen Ort in ca. 1 Std. auf die doppelte Größe aufgehen lassen.

3 Den Backofen auf 180° vorheizen. Die Butter in einer ofenfesten Schale direkt mit in den Ofen stellen und etwas weich werden lassen, jedoch sollte sie nicht komplett flüssig werden.

4 Den Teig auf einer gut bemehlten Arbeitsplatte auf eine Fläche von ca. 50 × 35 cm ausrollen. Den Teig mit der Butter bepinseln und mit dem Zimt bestreuen. Dann den Teig von der langen Seite her aufrollen und in ca. 3 cm dicke Rollen schneiden. Diese relativ dicht auf ein mit Backpapier belegtes Blech setzen und im heißen Ofen (Mitte) 25–30 Min. backen.

5 Die Süßkartoffelschnecken schmecken frisch aus dem Ofen am besten. Sie können aber auch gut tiefgekühlt und wieder aufgetaut werden – dann kurz über dem Toaster aufbacken.

Für 35 Stück • 30 Min. Zubereitung • 10 Min. Backen • Pro Stück ca. 20 kcal, 1 g E, 1 g F, 3 g KH

MÖHRENAUSSTECHER

EINFACH

130 g Möhren (ersatzweise Süßkartoffeln)
25 g Butter (ersatzweise vegane Pflanzenmargarine)
125 g Vollkorn-Dinkelmehl + mehr zum Arbeiten
1 TL Weinstein-Backpulver
½ TL Ceylon-Zimtpulver

AUSSERDEM

Keksausstecher in verschiedenen Formen

1 Möhren schälen, in 1 cm große Würfel schneiden und mit etwas Wasser in einem Topf ca. 8 Min. köcheln lassen. Dann abgießen und abtropfen lassen, mit der Butter in den Topf geben und alles mit dem Kartoffelstampfer fein zerstampfen. Mehl, Backpulver und Zimt unterrühren und den Teig mit den Händen zu einer Kugel formen.

2 Den Backofen auf 180° vorheizen. Die Hälfte des Teiges auf einer bemehlten Arbeitsfläche ca. 4 mm dick ausrollen. Kekse ausstechen und auf ein mit Backpapier belegtes Backblech legen. Teigreste wieder zusammenkneten, ausrollen und ausstechen, bis alles verbraucht ist. Mit der zweiten Teigportion ebenso verfahren.

3 Die Kekse im heißen Ofen (Mitte) 10 Min. backen. Herausnehmen und auf einem Kuchengitter vollständig auskühlen lassen. Dann die Kekse in eine Blechdose schichten, so sind sie bis zu 4 Tage haltbar.

Für 15 Stück • 20 Min. Zubereitung • 15 Min. Ruhen • 35 Min. Backen • Pro Stück ca. 160 kcal, 3 g E, 11 g F, 11 g KH

ZUCCHINIBROWNIES

VEGAN

5 Soft-Datteln (entsteint)
100 ml Pflanzendrink
250 g Zucchini
150 g Dinkelmehl (Type 630)
130 g gemahlene Haselnusskerne
50 g Kakaopulver
2 TL Weinstein-Backpulver
70 ml neutrales Öl
70 g Apfelmark

AUSSERDEM
Auflaufform (ca. 20 × 30 cm)

1 Die Datteln mit einem Messer grob zerkleinern und 15 Min. im Pflanzendrink einweichen lassen. Anschließend alles fein pürieren.

2 Den Backofen auf 175° vorheizen und die Auflaufform mit einem Bogen Backpapier auslegen.

3 Die Zucchini waschen, putzen und grob reiben. In einer Schüssel Mehl, Haselnüsse, Kakao und Backpulver mischen. Öl, Apfelmark und Dattel-Pflanzendrink-Mischung separat verrühren. Zucchini und Öl-Mischung zum Mehl geben und alles zügig mit einem Löffel zu einem homogenen Teig rühren. Brownieteig in die Form einfüllen und im Ofen (Mitte) ca. 35 Min backen.

4 Anschließend die Form aus dem Ofen nehmen und abkühlen lassen. Dann in 15 ca. 5 × 6 cm große Stücke schneiden.

Für 4 Portionen • 25 Min. Zubereitung • Pro Portion ca. 280 kcal, 9 g E, 11 g F, 36 g KH

HIRSE-APFEL-BREI

SATTMACHER

100 g Hirse
600 ml Milch (ersatzweise Pflanzendrink)
¼ TL gemahlene Vanille
½ Apfel
50 g Rosinen
2 EL braunes Mandelmus

TAUSCH-TIPP
Der Brei schmeckt auch mit anderem Obst – am besten immer saisonfrisch kaufen. Beeren und anderes weiches Obst erst nach der Kochzeit unterrühren.

1 Die Hirse in einem Sieb unter kaltem Wasser abspülen, bis das Wasser klar ist, kurz abtropfen lassen und mit der Milch in einem kleinen hohen Topf zum Kochen bringen. Die Vanille unterrühren. Die Hirse abgedeckt bei kleiner bis mittlerer Hitze ca. 10 Min. sanft köcheln lassen, dabei gelegentlich umrühren.

2 Inzwischen den Apfel waschen, schälen, vierteln und entkernen. Den Apfel in 1,5 cm große Würfel schneiden, mit den Rosinen zur Hirse geben und unterrühren. Alles weitere 10 Min. abgedeckt sanft köcheln lassen, bis die Hirse die Milch vollständig aufgesogen hat. Den Hirsebrei vom Herd ziehen, auf Handwärme abkühlen lassen und mit dem Mandelmus beträufelt anreichen.

Für 4 Portionen • 15 Min. Zubereitung • Pro Portion ca. 270 kcal, 8 g E, 14 g F, 29 g KH

SCHOKOGRIESSBREI

EXOTISCH

500 ml Milch (ersatzweise Pflanzendrink)
1 EL Butter
65 g Dinkelgrieß
1 EL Kakaopulver
30 g Kokosflocken
360 g Apfel-Mango-Mark

GUT ZU WISSEN
Der Grießbrei schmeckt warm und kalt und ist auch fürs Picknick auf dem Spielplatz perfekt: Dafür am Vorabend mit dem Obstmark in kleine Schraubgläser füllen.

1 Die Milch mit der Butter in einem kleinen hohen Topf erhitzen. Den Grieß unter Rühren mit einem Schneebesen einrieseln lassen. Alles unter ständigem Rühren aufkochen und 3 Min. sanft köcheln lassen. Das Kakaopulver dazugeben und klümpchenfrei unterrühren.

2 Die Platte ausschalten und den Grießbrei 5 Min. ausquellen lassen, dabei gelegentlich umrühren. Den Brei vor dem Anreichen auf Handwärme abkühlen lassen, dann mit den Kokosflocken bestreuen und mit dem Apfel-Mango-Mark anrichten.

Für 8 Stück • 30 Min. Zubereitung • 1 Std. Ruhen • Pro Stück ca. 315 kcal, 8 g E, 19 g F, 26 g KH

NAANBROT MIT NUSSMUS

VEGAN

300 g Vollkorn-Dinkelmehl
1 Pck. Trockenhefe
1 TL Weinstein-Backpulver
70 g vegane Joghurtalternative auf Kokosbasis
6 EL Olivenöl
8 EL Nussmus (z. B. Haselnussmus)

GUT ZU WISSEN
Weinstein-Backpulver ist die Alternative zu herkömmlichem Backpulver. Es verzichtet auf Phosphate als Säuerungsmittel und setzt stattdessen auf Weinstein – ein Nebenprodukt der Weinherstellung.

1 In einer großen Schüssel Mehl, Trockenhefe und Backpulver mischen. 170 ml warmes Wasser, Joghurt sowie 2 EL Öl dazugeben und mit dem Knethaken der Küchenmaschine in ca. 5 Min. zu einem feuchten Hefeteig kneten. Den Teig mit einem Tuch abgedeckt an einem warmen Ort in ca. 1 Std. auf die doppelte Größe aufgehen lassen.

2 Die Arbeitsfläche mit reichlich Mehl bestreuen. 1 gehäuften EL Teig abnehmen und mit bemehlten Fingern zu einem länglichen Fladen drücken (der Teig ist relativ feucht, deshalb mit wirklich gut bemehlten Fingern arbeiten, aber nicht mehr Mehl unter den Teig kneten). Jeweils die Hälfte eines Teigfladens mit 1 TL Nussmus beträufeln, die andere Hälfte darüber klappen und an den Seiten festdrücken. Auf diese Weise aus dem Teig insgesamt 8 Fladen herstellen.

3 Pro Teigfladen 1 TL Öl in einer Pfanne erhitzen und jedes Naan bei mittlerer Hitze ca. 4 Min. pro Seite ausbacken. Das Naanbrot kann tiefgekühlt und im Toaster aufgetaut werden.

Für 30 Stück • 10 Min. Zubereitung • 25 Min. Backen • Pro Stück ca. 35 kcal, 2 g E, 2 g F, 4 g KH

KÜRBIS-KÄSE-STICKS

GUT VORZUBEREITEN

80 g Emmentaler
300 g Kürbis (geputzt gewogen)
100 g Vollkornmehl (ersatzweise gemahlene Mandeln)
3 Eier (M)

AUSSERDEM
Auflaufform (ca. 28 × 20 cm)

1 Den Käse fein reiben. Den Kürbis ebenfalls fein reiben. Beides mit Mehl und Eiern in einer Schüssel mischen und mit den Rührbesen des Handrührgeräts flott zu einer homogenen Masse rühren.

2 Den Backofen auf 180° vorheizen und eine Auflaufform mit einem Bogen Backpapier auslegen. Die Masse einfüllen, gleichmäßig ausstreichen und im Ofen (Mitte) ca. 25 Min backen. Dann herausnehmen und auf einem Kuchengitter abkühlen lassen.

3 Den gebackenen Teig der Länge nach halbieren, dann in etwa 2 cm dicke Streifen schneiden. Die Käsesticks können bis zu 3 Tage im Kühlschrank aufbewahrt oder tiefgekühlt werden.

Für 10 Stück • 10 Min. Zubereitung • 1 Std. Ruhen • 25 Min. Backen • Pro Stück ca. 200 kcal, 6 g E, 7 g F, 27 g KH

HAFERFLOCKENBRÖTCHEN

NÄHRSTOFFREICH

200 g Möhren
120 g zarte Haferflocken
300 g Vollkorn-Dinkelmehl
½ Würfel Hefe (21 g)
50 ml Rapsöl

1 Die Möhren putzen, schälen und fein reiben. 100 g Haferflocken, Mehl, Möhren sowie die zerbröselte Hefe in einer Schüssel mischen. 160 ml lauwarmes Wasser sowie das Öl dazugeben und mit den Knethaken des Handrührgeräts in ca. 5 Min. zu einem homogenen Teig kneten. Den Teig mit einem Tuch abdecken und an einem warmen Ort in ca. 1 Std. auf die doppelte Größe aufgehen lassen.

2 Den Backofen auf 200° vorheizen und ein Backblech mit Backpapier belegen. Mit zwei feuchten Esslöffeln ca. 10 Brötchen vom Teig abstechen, die Teiglinge in den restlichen 20 g Haferflocken wenden und auf das Backblech setzen. Die Brötchen 22–25 Min. im Ofen (Mitte) backen, bis sie goldbraun werden.

3 Die Brötchen auf einem Kuchengitter abkühlen lassen. In einer Plastiktüte bleiben sie 2 Tage frisch, können aber auch tiefgekühlt und zum Verzehr wieder aufgetaut werden.

Für 42 Stück • 20 Min. Zubereitung • 24 Min. Backen • Pro Stück ca. 55 kcal, 2 g E, 3 g F, 5 g KH

MÖHRENKUGELN

FÜR UNTERWEGS

100 g Kürbiskerne
200 g Möhren
1 Ei (M)
200 g Frischkäse
60 ml neutrales Öl
200 g Vollkorn-Dinkelmehl
2 TL Weinstein-Backpulver
50 g zarte Haferflocken
1 TL getrockneter Oregano
1 TL edelsüßes Paprikapulver

1 Den Backofen auf 175° vorheizen. Die Kürbiskerne in einem Standmixer fein mahlen. Die Möhren putzen, schälen und fein reiben. Kürbiskernmehl und Möhren mit den übrigen Zutaten in einer Schüssel zu einem homogenen Teig kneten.

2 Mit leicht angefeuchteten Händen aus je 1 TL Teig eine Kugel formen und die Kugeln nebeneinander auf ein mit Backpapier belegtes Blech setzen. Die Kugeln im Ofen (Mitte) 22–24 Min. backen. Dann herausnehmen und auf einem Kuchengitter auskühlen lassen.

3 Die Kugeln halten sich in einer Box luftdicht verpackt bis zu 4 Tage lang frisch. Sie können aber auch tiefgekühlt und zum Verzehr bei Raumtemperatur aufgetaut werden.

Für 20 Stück • 25 Min. Zubereitung • 22 Min. Backen • Pro Stück ca. 70 kcal, 1 g E, 4 g F, 7 g KH

KÜRBISTALER

EINFACH

2 Bananen
250 g Kürbispüree
1 EL braunes Mandelmus
150 g zarte Haferflocken
1 TL Chiasamen
1 TL Ceylon-Zimtpulver

1 Den Backofen auf 180° vorheizen. Die Bananen schälen und in einer Schüssel mit einer Gabel zerdrücken. Kürbispüree und Mandelmus dazugeben und alles mit den Rührbesen des Handrührgeräts vermischen. Haferflocken, Chiasamen und Zimt dazugeben und alles zu einem homogenen Teig verrühren.

2 Mit angefeuchteten Händen aus je 1 EL Teig eine Kugel formen und die Kugeln mit etwas Abstand auf ein mit Backpapier belegtes Backblech setzen. Die Teigkugeln vorsichtig mit dem Handballen plattdrücken. Die Taler im Ofen (Mitte) 20–22 Min. backen, herausnehmen und auf einem Kuchengitter auskühlen lassen.

3 Die Kürbistaler halten sich in einer Box luftdicht verpackt bis zu 3 Tage lang frisch. Sie können aber auch tiefgekühlt und zum Verzehr bei Raumtemperatur aufgetaut werden.

Für 10 Stück • 20 Min. Zubereitung • 22 Min. Backen • Pro Stück ca. 200 kcal, 8 g E, 10 g F, 19 g KH

LACHSMUFFINS

HERZHAFT

100 g Wildlachs (ersatzweise aufgetauter TK-Lachs)
50 g Sonnenblumenkerne
250 g Dinkelmehl (Type 630)
2 TL Weinstein-Backpulver
2 Eier (M)
160 ml Mineralwasser
50 ml Rapsöl
¼ Bund Dill

AUSSERDEM
12-er Muffinform
Muffin-Papierförmchen

TIPP
Für Beikostanfänger:innen die Muffins einfach in einer Mini-Muffinform backen. Die Backzeit reduziert sich dann auf 17 Min. Alternativ können die großen Muffins geviertelt angeboten werden.

1 Den Backofen auf 180° vorheizen. Die Papierförmchen in die Mulden der Muffinform legen.

2 Den Lachs in 1 cm große Stücke schneiden. Die Sonnenblumenkerne in einem Standmixer fein mahlen. In einer großen Schüssel Mehl, Backpulver und Sonnenblumenkerne mischen. Die Eier mit Mineralwasser und Öl separat verrühren. Den Dill waschen, trocken schütteln und fein hacken.

3 Die feuchten Zutaten, den Dill sowie den Lachs zu den trockenen Zutaten geben und mit den Rührbesen des Handrührgerätes zügig untermischen. Den Teig auf 10 Muffinförmchen verteilen und im Ofen (Mitte) in ca. 22 Min. goldbraun backen. Die Muffins sind fertig, wenn an einem hineingestochenen Holzstäbchen kein Teig mehr kleben bleibt.

4 Die Muffins auf einem Kuchengitter abkühlen lassen. Dann bis zu 2 Tage im Kühlschrank aufbewahren oder tiefkühlen.

Für 9 Stück • 25 Min. Zubereitung • Pro Stück ca. 140 kcal, 5 g E, 6 g F, 15 g KH

BUTTERMILCH-PANCAKES

SCHMECKEN WARM UND KALT

2 Eier (M)
250 ml Buttermilch
30 ml Öl + mehr zum Braten
180 g Mehl (Type 1050)
1 TL Weinstein-Backpulver

TAUSCH-TIPP
Die Pancakes klappen auch vegan. Für vegane Buttermilch einfach 250 ml Pflanzenmilch mit 2 EL Apfelessig mischen und ca. 15 Min. stehen lassen. Die Eier können durch 2 reife, pürierte Bananen ersetzt werden.

1 In einem Rührbecher die Eier, die Buttermilch und 30 ml Öl mit dem Schneebesen gut verrühren. In einer Schüssel Mehl und Backpulver mischen. Die feuchten zu den trockenen Zutaten geben und zügig mit dem Schneebesen unterrühren.

2 In einer großen Pfanne 1 TL Öl erhitzen. Pro Pancake 2 EL Teig in die Pfanne geben und auf ca. 8 cm Durchmesser ausstreichen. So nach und nach bei mittlerer Hitze 9 Pancakes ausbacken.

Für 14 Stück • 15 Min. Zubereitung • 12 Min. Backen • Pro Stück ca. 140 kcal, 3 g E, 11 g F, 7 g KH

BIRNENWÖLKCHEN

SCHNELL

80 g Kokosöl
2 Eier (M)
200 g Apfel-Birnen-Mark
1 Birne
100 g Vollkornmehl
100 g gemahlene Nüsse (z. B. Mandeln)
2 TL Weinstein-Backpulver

1 Den Backofen auf 180° vorheizen. Das Kokosöl in einem Topf bei schwacher Hitze flüssig werden lassen. Die Eier trennen. Das Eigelb mit dem Apfel-Birnen-Mark verrühren und das Kokosöl untermischen. Die Eiweiße mit den Rührbesen des Handrührgeräts steif schlagen. Die Birne waschen, putzen, halbieren, entkernen und das Fruchtfleisch 0,5 cm groß würfeln.

2 Birnenwürfel, Mehl, gemahlene Nüsse sowie Backpulver unter die feuchten Zutaten mischen und den Eischnee vorsichtig unterheben.

3 Mit einem Esslöffel ca. 14 kleine Häufchen mit etwas Abstand auf ein mit Backpapier belegtes Backblech setzen und diese 10–12 Min. im Ofen (Mitte) backen. Die Wölkchen bleiben im Kühlschrank bis zu 2 Tage lang frisch, können aber auch tiefgekühlt werden.

Für 4 Gläser à 100 ml • 10 Min. Zubereitung • Pro Portion ca. 55 kcal, 2 g E, 2 g F, 20 g KH

FRUCHTIGER SMOOTHIE

VITAMINREICH

15 g Spinat
1 Stück Ingwer (0,5 cm lang)
½ Banane
½ Orange
½ Mango
100 ml Kokoswasser
1–2 TL geschrotete Leinsamen
1 EL zarte Haferflocken

1 Den Spinat verlesen, waschen und in einem Sieb abtropfen lassen. Den Ingwer schälen und grob würfeln. Die Banane schälen und in grobe Stücke brechen. Die Orange schälen und von der weißen Haut befreien, dann in grobe Stücke teilen. Die Mango schälen, das Fruchtfleisch vom Kern schneiden und ca. 2 cm groß würfeln.

2 Den Spinat und das Obst mit Kokoswasser, Leinsamen und Haferflocken in einen Standmixer geben und in ca. 3 Min. zu einem cremigen Smoothie pürieren. Dabei evtl. etwas mehr Flüssigkeit hinzugeben. Den Smoothie in Gläser füllen und servieren.

TIPP
Wenn etwas übrigbleibt, die Smoothiereste in Eisförmchen füllen und mind. 8 Std. tiefkühlen. So gibt es zuckerfreies Fruchteis.

Für 6 Formen à 70 ml • 10 Min. Zubereitung • 4 Std. Tiefkühlen • Pro Stück ca. 15 kcal, 0 g E, 0 g F, 3 g KH

KIWI-KOKOS-EIS AM STIEL

FRUCHTIG

2 Kiwis
200 g Kokosmilch (aus der Dose)

AUSSERDEM
6 Eisförmchen (à 70 ml)

1 Die Kiwis schälen und in 0,7 cm dicke Scheiben schneiden. Die Kiwis so in die Eisformen geben, dass sie am äußeren Rand liegen und man das Eisstäbchen dazwischenschieben kann.

2 Die Kokosmilch mit einem Schneebesen glattrühren. Die Eisformen mit der Kokosmilch auffüllen, diese verschließen und ca. 4 Std., besser über Nacht, tiefkühlen.

GUT ZU WISSEN
Eisformen sind unterschiedlich groß – je nach Größe der Förmchen wird also mehr Kokosmilch benötigt.

Für 12 Stück • 15 Min. Zubereitung • 25 Min. Backen • Pro Stück ca. 145 kcal, 3 g E, 7 g F, 16 g KH

BANANEN-ZIMT-SCONES

SCHNELL

2 sehr reife Bananen
50 ml Haferdrink
100 g Dinkelmehl (Type 630)
100 g Vollkorn-Dinkelmehl
60 g gemahlene Walnusskerne (ersatzweise gemahlene Mandeln)
2 TL Weinstein-Backpulver
1 TL Ceylon-Zimtpulver
50 g kalte Butter (ersatzweise vegane Pflanzenmargarine)

DAZU PASST

Für zuckerfreies Fruchtmus 200 g frische Beeren verlesen, waschen und fein pürieren. ½ TL Zimtpulver und 2 EL Chiasamen dazugeben, gut verrühren und zugedeckt ca. 4 Std. im Kühlschrank quellen lassen.

1 Die Bananen schälen und in einer Schüssel mit einer Gabel zerdrücken. Den Haferdrink dazugeben und gut vermischen.

2 Beide Mehlsorten, die gemahlenen Walnüsse, Backpulver sowie Zimt in einer großen Schüssel mischen. Die Butter in 1 cm große Würfeln schneiden und zusammen mit der Bananenmilch in die Schüssel geben. Alle Zutaten mit den Rührbesen des Handrührgerätes zügig glattrühren.

3 Den Backofen auf 180° vorheizen. Den Teig mit einem Teigschaber auf ein mit Backpapier belegtes Backblech geben, dann mit dem Teigschaber auf Kuchentellergröße formen. Eine Teigkarte mit Mehl bestäuben und den Teig damit wie einen Kuchen in 12 Stücke schneiden (dieser muss sich nicht teilen und nicht auseinandergezogen werden).

4 Die Scones ca. 25 Min. im Ofen (Mitte) backen. Herausnehmen und auf einem Kuchengitter abkühlen lassen. Anschließend die Scones mit einem scharfen Messer an den Schnittkanten vorsichtig auseinanderschneiden.

5 Frisch schmecken die Scones am besten. Sie können aber luftdichtverpackt bis zu 3 Tage aufbewahrt werden. Alternativ können sie tiefgekühlt und bei Raumtemperatur aufgetaut werden – dann auf dem Toaster frisch aufgebacken.

FÜR KLEINKINDER

Für 36 Stück • 30 Min. Zubereitung • 1 Std. Kühlen • 15 Min. Backen • Pro Stück ca. 85 kcal, 2 g E, 6 g F, 6 g KH

RUGELACH MIT KAKAOCREME

WINTER-REZEPT

FÜR DEN TEIG

250 g Mehl + mehr zum Arbeiten
250 g Frischkäse
200 g Butter

FÜR DIE FÜLLUNG

50 g Soft-Datteln (entsteint)
50 g Haselnussmus
1 TL Kakaopulver

TAUSCH-TIPP
Rugelach schmecken auch deftig, z. B. mit einem veganen Brotaufstrich, Tomaten-Frischkäse oder geriebenem Gemüse, Käse und Kräutern.

TEIG: Mehl und Frischkäse in einen Standmixer geben. Die Butter 1 cm groß würfeln, dazugeben und schnell zu einem glatten Teig mixen. Den Teig in 3 Teile teilen, in eine luftdichte Dose geben und 1 Std. kühlen. (Beim Kneten mit den Händen oder einer Küchenmaschine besser 2 Std. kühlen)

FÜLLUNG: Die Datteln fein würfeln und für ca. 30 Min. in 50 ml Wasser einweichen. Dann die Datteln mit dem Wasser fein pürieren und Haselnussmus und Kakao unterrühren.

FERTIGSTELLEN: Den Backofen auf 180° vorheizen. Die Arbeitsfläche gut bemehlen. Ein Teigstück darauflegen und mit schnellen Bewegungen zu einem Kreis (ca. 30 cm ∅) ausrollen. Den Kreis mit einem Drittel der Dattelcreme bestreichen, dann wie eine Pizza in 12 Stücke schneiden. Diese jeweils etwas aus dem Kreis ziehen und von der breiten Seite aufrollen. Mit etwas Abstand auf ein mit Backpapier belegtes Blech setzen und 10–15 Min. im Ofen (Mitte) backen. Mit dem restlichen Teig ebenso verfahren. Die Rugelach können im Kühlschrank bis zu 2 Tage aufbewahrt oder tiefkühlt werden.

Für 24 Stück • 15 Min. Zubereitung • 15 Min. Backen • Pro Stück ca. 50 kcal, 1 g E, 2 g F, 6 g KH

CARROT-CAKE-MÜSLIRIEGEL

FÜR UNTERWEGS

1 Möhre (ca. 110 g)
100 g zarte Haferflocken
100 g Soft-Datteln (entsteint)
30 g Cashewmus
30 g Kokosöl

AUSSERDEM
Auflaufform (ca. 15 × 25 cm)

1 Die Möhre schälen, putzen und in grobe Stücke schneiden. Dann mit den Haferflocken, den Datteln, dem Cashewmus sowie dem Kokosöl in einen Standmixer geben und fein mixen.

2 Den Backofen auf 180° vorheizen und eine Auflaufform mit Backpapier auslegen. Die Müsliriegelmasse ca. 1 cm hoch in die Auflaufform füllen und mit den Händen gut festdrücken. Anschließend die Riegelmasse ca. 15 Min. im Ofen (Mitte) backen, dann in der Form vollständig auskühlen lassen.

3 Die Riegelmasse vorsichtig auf ein großes Brett stürzen und mit einem scharfen Messer in Riegel schneiden (ca. 2 × 7 cm). Die Riegel bis zu 2 Wochen im Kühlschrank aufbewahren oder tiefkühlen.

Für 20 Stück • 10 Min. Zubereitung • 12 Min. Backen • Pro Stück ca. 65 kcal, 2 g E, 3 g F, 7 g KH

MÜSLIQUADRATE

VOLLWERT-REZEPT

100 g zarte Haferflocken
50 g Sonnenblumenkerne
2 EL Kokosöl
50 g Rosinen
50 g Dinkelmehl (Type 630)
100 g Apfelmark
1 EL braunes Mandelmus

1 Den Backofen auf 200° vorheizen. Haferflocken und Sonnenblumenkerne in kleiner Pfanne ohne Öl bei mittlerer Hitze ca. 5 Min. anrösten, bis sie leicht duften. Das Kokosöl dazu geben und schmelzen lassen. Inzwischen die Rosinen grob hacken.

2 Alle Zutaten in einer Schüssel vermischen – am besten mit einem Holzlöffel. Die klebrige Masse auf ein mit Backpapier belegtes Blech geben und gleichmäßig mit den Händen auf 20 × 20 cm verteilen. Im Ofen (Mitte) 10–12 Min. backen.

3 Herausnehmen und sofort mit sehr scharfem Messer in 4 × 4 cm große Quadrate schneiden. Diese auf einem Kuchengitter auskühlen lassen. Die Müsliquadrate halten sich luftdicht verpackt ca. 3 Tage lang frisch und können auch tiefgekühlt werden.

Für 16 Stück • 1 Std. 15 Min Ruhen • 15 Min. Zubereitung • 12 Min. Backen •
Pro Stück ca. 215 kcal, 6 g E, 9 g F, 26 g KH

HEFEKRINGEL

PERFEKT ZU HALTEN

125 ml Milch (ersatzweise Pflanzendrink)
150 g Joghurt (ersatzweise vegane Joghurtalternative)
300 g Dinkelmehl (Type 630) + mehr zum Arbeiten
200 g Vollkorn-Dinkelmehl
½ Würfel Hefe (21 g)
60 ml Backöl (ersatzweise neutrales Öl)
100 g Rosinen
100 g Mandelblättchen
1 Eigelb (M)

GU CLOU

Hefe braucht keinen raffinierten Zucker: Durch Spaltung der Stärke im Mehl entsteht Zucker, es bildet sich Kohlenstoffdioxid und der Teig geht auf. Wichtig ist die Temperatur der zugegebenen Flüssigkeit: schön warm, aber nicht heiß.

1 Milch in kleinem Topf handwarm erwärmen, den Joghurt unterrühren. Beide Mehlsorten in einer Schüssel mischen, in die Mitte eine Mulde drücken. Die Hefe in der Milch-Joghurt-Mischung auflösen, das Hefe-Milch-Joghurt-Gemisch in die Mehlmulde gießen und etwas Mehl vom Rand drüberstreuen. Den Vorteig zugedeckt ca. 15 Min. gehen lassen.

2 Das Öl zum Vorteig geben und alles in ca. 5 Min. zu einem homogenen Teig kneten. Die Rosinen und die Hälfte der Mandelblättchen unter den Teig kneten. Den Hefeteig abdecken und an einem warmen Ort ca. 1 Std. gehen lassen.

3 Den Ofen auf 200° vorheizen. Die Arbeitsfläche gut bemehlen und den Teig noch einmal durchkneten. Dann den Teig halbieren, zu zwei Kugel formen und in je acht gleichgroße Stücke teilen. Diese je ca. 40 cm lang ausrollen, halbieren und die beiden Stücke zu einer Kordel verdrehen. Die zu einem Kringel formen und auf ein mit Backpapier belegtes Blech legen.

4 Das Eigelb mit einer Gabel verquirlen. Die Kringel damit bepinseln und die restlichen 50 g Mandelblättchen aufstreuen. Dann die Kringel im heißen Ofen (Mitte) 10–12 Min. backen. Herausnehmen und auf einem Kuchengitter abkühlen lassen. Am besten gleich essen oder tiefkühlen.

Für 40 Stück • 10 Min. Zubereitung • 10 Min. Backen • Pro Portion ca. 30 kcal, 1 g E, 1 g F, 3 g KH

SESAMCRACKER

SCHNELL

160 g Vollkorn-Dinkelmehl
+ mehr zum Arbeiten
40 g Sesam
2 TL Tahin (Sesampaste)
50 g Butter (ersatzweise vegane Pflanzenmargarine)

TIPP
Wer mag, bestreut die Cracker vor dem Backen noch mit getrockneten Kräutern oder geriebenem Käse.

1 In einer Schüssel Mehl und 20 g Sesam mischen. Das Tahin in einem Messbecher in 100 ml Wasser auflösen und die Mischung zum Mehl geben. Die Butter 1 cm groß würfeln und dazugeben. Alles zügig zu einem glatten Teig rühren.

2 Den Backofen auf 200° (Umluft) vorheizen. Den Teig auf einer gut bemehlten Fläche ca. 0,5 cm dick ausrollen, mit den restlichen 20 g Sesam bestreuen und diesen ganz leicht festdrücken. Den Teig in 3 × 3 cm große Rauten schneiden. Diese mit Hilfe einer Palette auf ein mit Backpapier belegtes Backblech setzen und ca. 10 Min. im Ofen (Mitte) backen, bis die Cracker knusprig goldbraun werden.

3 Die Cracker auf einem Kuchengitter abkühlen lassen und bis zu 2 Wochen in einer Blechdose aufbewahren.

Für 12 Stück • 12 Min. Zubereitung • 22 Min. Backen • Pro Stück ca. 185 kcal, 3 g E, 9 g F, 23 g KH

KIBA-MUFFINS

FRUCHTIG

2 sehr reife Bananen
100 ml neutrales Öl
80 ml Pflanzendrink (ersatzweise Kirschsaft)
270 g Dinkelmehl (Type 630)
2 TL Weinstein-Backpulver
1 TL Ceylon-Zimtpulver
185 g Sauerkirschen (aus dem Glas, ohne Zucker)

AUSSERDEM
12-er Muffinform
Muffin-Papierförmchen

1 Die Bananen schälen und mit einer Gabel fein zerdrücken. Dann in einer Schüssel mit Öl und Pflanzendrink mischen. Mehl, Backpulver sowie Zimt dazugeben und alles mit den Rührbesen des Handrührgerätes zügig zu einem glatten Teig mischen.

2 Den Backofen auf 180° vorheizen und eine Muffinform mit den 12 Papierförmchen auslegen. Die Kirschen abgießen, kurz abtropfen lassen und zügig unter den Teig heben. Den Teig auf die Muffinförmchen verteilen und ca. 22 Min. im Ofen (Mitte) backen.

3 Die Muffins auf einem Kuchengitter abkühlen lassen. Dann die Muffins bis zu 2 Tage im Kühlschrank aufbewahren oder tiefkühlen.

Für 10 Stück • 25 Min. Zubereitung • Pro Stück ca. 65 kcal, 2 g E, 4 g F, 5 g KH

FALAFELSTANGEN MIT DIP

ORIENTALISCH

1 Glas Kichererbsen (220 g Abtropfgewicht)
1 kleine Knoblauchzehe
½ TL gemahlener Kreuzkümmel
100 g Zucchini
3 EL Olivenöl
¼ Bund Gartenkräuter (z. B. Petersilie, Dill)
150 g Joghurt (ersatzweise Sojaghurt)

GUT ZU WISSEN
Die Falafelstangen schmecken auch mit anderen Hülsenfrüchten, z. B. mit weißen Bohnen (aus dem Glas).

1 Die Kichererbsen in ein Sieb abgießen und gut abspülen, dann in einen hohen Rührbecher geben. Den Knoblauch schälen und dazupressen. Den Kreuzkümmel dazugeben. Alles fein pürieren. Die Zucchini waschen, putzen und grob reiben, dann unter die Kichererbsenmasse mischen.

2 Je 1 EL Teig abnehmen und mit den Fingern zu ca. 2 cm dicken und 4 cm langen Falafelstangen formen. Das Öl in einer Pfanne erhitzen und die Falafelstangen von allen Seiten bei mittlerer Hitze leicht goldbraun anbraten. Aus der Pfanne nehmen und auf einem Teller mit Küchenpapier entfetten.

3 Die Kräuter waschen, trocken schütteln und fein hacken. Den Joghurt und die Kräuter in einer Schüssel glatt rühren und den Dip zu den Stangen servieren. Stangen und Dip können bis zu 2 Tage im Kühlschrank aufbewahrt werden, die Falafel können aber auch tiefgekühlt werden.

12 Stück • 12 Min. Zubereitung • Pro Stück ca. 95 kcal, 3 g E, 2 g F, 14 g KH

BROTKREISE MIT AUFSTRICH

GUT VORZUBEREITEN

1 Glas Kichererbsen (220 g Abtropfgewicht)
1 Knoblauchzehe
50 g getrocknete Tomaten
2 EL Olivenöl
2 TL getrocknete italienische Kräuter
½ Gurke
6 Scheiben Vollkorn-Brot

AUSSERDEM

Runder Ausstecher (∅ 4 cm)
Deko-Fähnchen (nach Belieben)

1 Die Kichererbsen in ein Sieb abgießen, abspülen und abtropfen lassen. Den Knoblauch schälen und grob in Stücke schneiden. Die Kichererbsen mit Knoblauch, getrockneten Tomaten, Olivenöl und 2–3 EL kaltem Wasser in einem Standmixer cremig pürieren. Zuletzt die Kräuter mit einem Löffel untermischen.

2 Die Gurke waschen und in 12 ca. 1 cm dicke Scheiben schneiden. Drei Brotscheiben dick mit Aufstrich bestreichen und mit den übrigen Brotscheiben abdecken. Mit dem Ausstecher aus jedem Sandwich 4 Kreise ausstechen und eine Gurkenscheibe darauflegen. Die Brotkreise evtl. mit Deko-Fähnchen fixieren, diese aber vor dem Essen auf alle Fälle entfernen.

Für 10 Stück • 20 Min. Zubereitung • 25 Min. Backen • Pro Stück ca. 195 kcal, 8 g E, 8 g F, 21 g KH

PIZZABRÖTCHEN

WÜRZIG

¼ grüne Paprika
5 Kirschtomaten
80 g Emmentaler
300 g Vollkorn-Dinkelmehl
1 TL Weinstein-Backpulver
1 TL getrocknete Pizzakräuter
250 g Joghurt
4 EL Olivenöl

1 Die Paprika waschen, wenn nötig noch weiße Trennwände und Kerne entfernen, und die Paprika in sehr feine Würfel schneiden. Die Tomaten waschen, halbieren, die Kerne mit einem Teelöffel entfernen und das Fruchtfleisch sehr fein würfeln. Den Käse grob reiben.

2 In einer großen Schüssel Mehl, Backpulver und die Kräuter mischen. Joghurt, Öl, die Gemüsewürfel und den Käse dazugeben und alles mit den Knethaken der Küchenmaschine oder des Handrührgerätes zu einem homogenen Teig kneten.

3 Den Backofen auf 180° vorheizen und ein Backblech mit Backpapier belegen. Mit einem Löffel vom Teig 10 Portionen abnehmen, diese je mit den Händen leicht rund formen und mit etwas Abstand aufs Blech setzen. Ca. 25 Min. im Ofen (Mitte) backen, dann sehr gut auskühlen lassen. Frisch genießen oder tiefkühlen.

Für 30 Stück • 10 Min. Zubereitung • 10 Min. Ruhen • 20 Min. Backen • Pro Stück ca. 55 kcal, 2 g E, 25 g F, 73 g KH

PFANNKUCHENRÖLLCHEN

FÜRS PICKNICK

FÜR DIE PFANNKUCHEN

2 Eier (M)
1 EL neutrales Öl + mehr zum Braten
400 ml Tomatensaft
200 g Dinkelmehl (Type 630)
1 EL geschrotete Leinsamen

FÜR DIE FÜLLUNG

½ Bund Schnittlauch
½ Gurke
200 g Frischkäse
1 EL Tahin (Sesampaste)

MEHR DARAUS MACHEN

Die Pfannkuchen sind eine gute Möglichkeit, um Reste von Saucen und Gemüse zu verwerten. Für die Großen den Dip noch mit Salz und Pfeffer abschmecken.

TEIG: Eier in einer Schüssel mit den Rührbesen des Handrührgeräts schaumig aufschlagen. 1 EL Öl und Tomatensaft dazugeben und kurz aufschlagen. Mehl und Leinsamen zu den feuchten Zutaten geben und alles zu einem glatten Teig vermischen. Anschließend die Schüssel einem Tuch abdecken und den Teig ca. 10 Min. quellen lassen.

FÜLLUNG: Schnittlauch waschen, trocken schütteln und in feine Röllchen schneiden. Die Gurke waschen und in sehr dünne Scheiben schneiden oder hobeln. Den Frischkäse mit Tahin glattrühren und den Schnittlauch untermischen.

BACKEN: Zwei große Pfannen mit je 1 TL Öl einpinseln und erhitzen. Den Teig darin portionsweise bei mittlerer bis schwacher Hitze ca. 3 Min. backen, vorsichtig wenden und weitere 2–3 Min. backen. Auf diese Weise aus dem Teig insgesamt 6 Pfannkuchen backen. Dabei die Pfanne vor jedem neuen Pfannkuchen mit 1 TL Öl einpinseln.

FERTIGSTELLEN: Die Pfannkuchen mit der Frischkäse-Mischung bestreichen und mit den Gurkenscheiben belegen. Dann fest aufrollen und in ca. 2,5 cm breite Stücke schneiden.

Für 24 Stück • 25 Min. Zubereitung • Pro Portion ca. 35 kcal, 0 g E, 3 g F, 3 g KH

APRIKOSEN-KOKOS-KUGELN

FRUCHTIG

100 g getrocknete Aprikosen (entsteint)
100 g Kokosraspel
1 Msp. gemahlene Vanille
30 ml Orangensaft

TAUSCH-TIPP
Die Kugeln schmecken auch mit getrockneten Feigen oder Datteln.

1 Aprikosen, Kokosraspel, Vanille und Orangensaft in einen Standmixer geben und mind. 30 Sek. mixen, bis eine klebrige, glatte Masse entsteht. Die Hände etwas anfeuchten und aus der Aprikosenmasse 24 walnussgroße Kugeln formen.

2 Die Kugeln luftdicht in Glasdosen oder Schraubgläsern verschlossen bis zu 2 Wochen im Kühlschrank aufbewahren.

Für 12 Stück • 10 Min. Zubereitung • 25 Min. Backen • Pro Stück ca. 90 kcal, 1 g E, 6 g F, 8 g KH

HANDPIES MIT OBSTFÜLLUNG

EINFACH

1 Rolle zuckerfreier Blätterteig (275 g, aus dem Kühlregal)
12 Erdbeeren

GUT ZU WISSEN
Die Handpies laufen beim Backen etwas aus. Deshalb die Taschen nach dem Backen ca. 20 Min. auf dem Blech abkühlen lassen, damit sich alles wieder zusammenziehen kann.

1 Den Backofen auf 180° vorheizen. Den Blätterteig auf einem großen Schneidebrett flach auseinanderrollen. Der Länge und der Breite nach jeweils einmal halbieren. Diese Stücke dann jeweils dritteln, sodass 12 kleine Rechtecke entstehen.

2 Die Erdbeeren waschen, putzen und in ca. 4 mm dicke Scheiben schneiden. Pro Rechteck 1 Erdbeere auf einer Seite des Teiges verteilen und die andere Hälfte darüber klappen. Den Teig an den Seiten festdrücken. Die Handpies auf ein mit Backpapier belegtes Backblech legen und 20–25 Min. im Ofen (Mitte) backen.

3 Die Handpies schmecken frisch am besten. Sie können aber auch bis zu 2 Tage im Kühlschrank aufbewahrt werden.

Für 12 Stück • 30 Min. Zubereitung • 1 Std. Ruhen • 28 Min. Backen • Pro Stück ca. 150 kcal, 7 g E, 6 g F, 16 g KH

SCHINKEN-KÄSE-CROISSANT

HERZHAFT

200 ml Milch (ersatzweise Haferdrink)
550 g Dinkelmehl (Type 630) + mehr zum Arbeiten
1 Pck. Trockenhefe
5 EL neutrales Öl
1 Möhre (ca. 100 g)
1 Eigelb (M)
100 g gekochter Schinken
200 g geriebener Käse
1 EL Sesam

1 Milch mit 150 ml heißem Wasser mischen, sodass die Flüssigkeit handwarm ist. Mehl und Hefe in einer Schüssel mischen. Die Milch-Wasser-Mischung und 2 EL Öl dazugeben und in ca. 5 Min. zu einem glatten, klebrigen Teig kneten. Den Teig abgedeckt an einem warmen Ort ca. 1 Std. gehen lassen.

2 Nach Ablauf der Gehzeit den Ofen auf 200° vorheizen. Die Möhre schälen und fein reiben. Das Eigelb verquirlen.

3 Den Teig auf einer sehr gut bemehlten Arbeitsfläche zu einer Kugel formen und in acht gleichgroße Stücke teilen. Ein Stück auf ca. 20 × 25 cm ausrollen und mit 1 TL Öl einpinseln. Die zweite Teigportion ausrollen, auf die vorherige legen und einpinseln. Mit den übrigen Portionen ebenso verfahren und so einen Teigstapel bilden. Diesen mit Öl abschließen. Die Arbeitsfläche erneut sehr gut bemehlen und den Teigstapel auf ca. 40 × 45 cm ausrollen. Die Teigplatte längs halbieren, mit Schinken, Möhrenraspel und geriebenem Käse belegen und die Hälften von der langen Seite her aufrollen.

4 Die Teigrollen mit einem scharfen, angefeuchteten Messer in ca 6 cm breite Stücke schneiden. Diese auf zwei mit Backpapier belegte Bleche legen, mit dem Eigelb bepinseln und mit dem Sesam bestreuen. Die Bleche nacheinander 12–14 Min in den Ofen (Mitte) geben. Die Crossaints dann herausnehmen und auf einem Kuchengitter abkühlen lassen.

HALTBARKEITS-TIPP

Die Croissants schmecken frisch natürlich am besten. Sie lassen sich aber auch gut ausgekühlt tiefkühlen und dann im Ofen frisch aufbacken.

Für 12 Stück • 30 Min. Zubereitung • 17 Min. Backen • 30 Min. Ruhen • Pro Stück ca. 220 kcal, 6 g E, 5 g F, 38 g KH

KINDERBREZELN

OHNE SALZ UND OHNE EI

650 g Mehl (Type 550)
+ mehr zum Arbeiten
½ Würfel Hefe (21 g)
60 g kalte Margarine
20 g Natron

TIPP
Für die Großen kann ein Teil der Brezeln auch mit Salz bestreut werden. Der Teig schmeckt natürlich auch als Laugenbrötchen oder -kringel.

1 Das Mehl in eine Schüssel geben. Die Hefe zerbröseln, die Margarine in Würfel schneiden und beides zum Mehl geben. 350 ml kaltes Wasser dazugeben und alles mit den Knethaken des Handrührgeräts in ca. 5 Min. glatt kneten.

2 Den Hefeteig auf der leicht bemehlten Arbeitsfläche in 12 gleichgroße Teile teilen. Jedes Teigstück auf einer unbemehlten Fläche mit den Handflächen zu einer gleichmäßigen, 35 cm langen Schlange rollen (Der Teig lässt sich nur ausrollen, wenn er leicht klebrig und nicht bemehlt ist.) Die Teigstränge zu Brezeln legen und die Teigenden festdrücken.

3 In einem großen Topf 4 l Wasser mit dem Natron aufkochen. Mit einem Schaumlöffel die Brezeln nacheinander für 30 Sek. in die siedende Natronlauge geben. Dann die Brezeln mit etwas Abstand auf zwei mit Backpapier belegte Bleche legen, abdecken und 30 Min. an einem warmen Ort gehen lassen.

4 Den Backofen auf 220° (Umluft) vorheizen und die Brezeln im Ofen (Mitte) 17 Min. backen. Dann die Brezeln auf einem Kuchengitter abkühlen lassen. Sie bleiben luftdicht verpackt bis zu 2 Tage frisch, können aber auch tiefgekühlt werden.

Für 18 Stück • 50 Min. Zubereitung • 45 Min. Backen • Pro Stück ca. 55 kcal, 5 g E, 2 g F, 3 g KH

GEMÜSE-HUHN-BÄLLCHEN

DEFTIG

500 g Blumenkohl
100 g Kartoffeln
300 g Hähnchenbrustfilet
30 g Kürbiskerne
1 Ei (M)
50 g zarte Haferflocken
2 TL Gemüsebrühe (Instant)
1 TL edelsüßes Paprikapulver
1 EL neutrales Öl

TAUSCH-TIPP
Für mehr Abwechslung noch 50–100 g geriebenen Käse mit unter den Teig kneten. Die Bällchen für die Erwachsenen vertragen mehr Würze – z. B. Salz, Pfeffer oder rosenscharfes Paprikapulver.

1 Den Blumenkohl putzen, waschen und in ca. 2 cm große Röschen teilen. Den Strunk in 1,5 cm große Würfel schneiden. Die Kartoffeln schalen und in 2 cm große Würfel schneiden. Das Gemüse in einen Topf geben und ca. 2 cm hoch mit Wasser bedecken. Alles einmal aufkochen und abgedeckt in ca. 10 Min. bei mittlerer Hitze weich garen lassen, dann in ein Sieb abgießen und gut abtropfen lassen. Anschließend das Gemüse in den Topf zurückgeben, mit einem Kartoffelstampfer zerdrücken und auskühlen lassen.

2 Inzwischen den Backofen auf 180° vorheizen. Das Fleisch trocken tupfen und in sehr kleine Stücke schneiden. Die Kürbiskerne mit einem Messer grob hacken.

3 Gemüsestampf, Fleischstückchen und Kürbiskerne mit den übrigen Zutaten in einer Schüssel mit den Händen zu einer klebrigen Masse verkneten. Aus je ca. 2 geh. EL Masse mit den Händen Kugeln formen und auf zwei mit Backpapier belegte Bleche legen. Die Bleche nacheinander für ca. 22 Min. in den Ofen (Mitte) schieben. Dann die Kugeln herausnehmen und abkühlen lassen. Sie halten sich luftdicht verpackt etwa 2 Tage im Kühlschrank, können aber auch tiefgekühlt werden.

Für 12 Stück • 25 Min. Zubereitung • 22 Min. Backen • 5 Min. Ruhen • Pro Stück ca. 225 kcal, 9 g E, 15 g F, 14 g KH

BLÄTTERTEIGTASCHEN MIT KABELJAU

GUT VORZUBEREITEN

225 g TK-Kabeljau
1 Zwiebel
1 EL neutrales Öl
450 g zuckerfreier TK-Blätterteig
2 Eier (M)
200 g Sahne
2 EL Zitronensaft
1 TL edelsüßes Paprikapulver
50 g geriebener Gouda

TAUSCH-TIPP
Statt mit Kabeljau schmecken die Taschen auch mit Lachs oder Seelachs.

1 Den Fisch nach Packungsangabe auftauen lassen, trocken tupfen und in 1 cm große Würfel schneiden. Die Zwiebel schälen und fein würfeln. Das Öl in einer Pfanne erhitzen, dann Zwiebeln und Fisch darin ca. 7 Min. bei mittlerer Hitze andünsten.

2 Einen Bogen Backpapier auf die Arbeitsfläche legen. Den Blätterteig aus dem Tiefkühler nehmen und die Teigplatten nebeneinander auf dem Backpapier ca. 10 Min. antauen lassen, dann mit einem scharfen Messer quer halbieren.

3 Den Ofen auf 200° vorheizen. 1 Ei mit Sahne, Zitronensaft und Paprikapulver in einer Schüssel verquirlen. Käse und Fisch dazugeben und unterrühren. Je 3 EL der Füllung auf die obere kurze Hälfte eines Teigstückes geben, dabei rundherum 0,5 cm zum Rand frei lassen. Die untere Teighälfte darüber schlagen und die Ränder fest andrücken. Die Teigtaschen auf ein mit Backpapier belegtes Blech legen.

4 Das restliche Ei in einer Schüssel verquirlen und die Teigtaschen gleichmäßig damit einpinseln. Dann die Teigtaschen im Ofen (Mitte) in ca. 22 Min. goldbraun backen. Anschließend herausnehmen und noch 5 Min. ruhen lassen.

Für 16 Stück • 20 Min. Zubereitung • 18 Min. Backen • 1 Std. Ruhen • 50 Min. Tiefkühlen •
Pro Stück ca. 115 kcal, 3 g E, 7 g F, 9 g KH

HASELNUSS-SCHOKO-SCHNITTEN

KLEIN UND HANDLICH

FÜR DEN BISKUIT
40 g Soft-Datteln (entsteint)
50 g Apfelmark
3 Eier (M)
100 g Mehl
2 TL Weinstein-Backpulver
25 g Speisestärke
20 g Kakaopulver

FÜR DIE FÜLLUNG
200 g Sahne
50 g gemahlene Haselnüsse

GUT ZU WISSEN
Apfelmark besteht nur aus Äpfeln, Apfelmus dagegen enthält immer zugesetzten Zucker.

BISKUIT: Die Datteln 30 Min. in Wasser einweichen, abgießen und mit dem Apfelmark mit einem Pürierstab fein pürieren. Den Backofen auf 200° vorheizen. Die Eier mit den Rührbesen des Handrührgeräts in ca. 3 Min. schaumig schlagen. Das Dattel-Apfelmark dazugeben und unterrühren. Mehl, Backpulver, Speisestärke und Kakao dazusieben und kurz unterheben. Den Teig gleichmäßig auf einem mit Backpapier belegten Blech auf eine Größe von ca. 22 × 28 cm ausstreichen, dann im Ofen (Mitte) ca. 18 Min. backen. Herausnehmen, gleich auf ein Kuchengitter stürzen und das Backpapier vorsichtig abziehen. Den Biskuit jeweils quer und längs halbieren und ca. 1 Std. auskühlen lassen.

FÜLLUNG: Die Sahne steif schlagen. Die gemahlenen Haselnüsse vorsichtig unterheben und die Füllung kaltstellen.

FERTIGSTELLEN: Zwei Teigstücke auf ein Küchenbrett legen und je die Hälfte der Füllung gleichmäßig darauf verteilen. Die beiden restlichen Teigstücke darauflegen. Die Schnitten ca. 50 Min. tiefkühlen. Dann die Teigsandwiches mit einem scharfen Messer quer halbieren und längs in vier Teile schneiden. Direkt servieren oder im Kühlschrank aufbewahren.

Für 30 Stück • 20 Min. Zubereitung • 1 Std. Ruhen • Pro Stück ca. 10 kcal, 0 g E, 0 g F, 1 g KH

FRUCHTGUMMIWÜRFEL

KLEINE NASCHEREI

1 TL neutrales Öl
200 ml Apfelsaft
100 ml Orangensaft
¼ TL gemahlene Vanille
2 TL Agar Agar
1 kleiner Apfel

AUSSERDEM
rechteckige Plastikdose (ca. 12 × 18 cm)

GUT ZU WISSEN
Agar Agar geliert nicht beim Aufkochen, sondern erst wenn es auskühlt.

1 Ein rechteckige Plastikdose dünn mit Öl auspinseln.

2 Die Säfte in einen kleinen Topf geben, Vanille und Agar Agar einrieseln lassen und glatt verrühren. Die Flüssigkeit aufkochen und ca. 4 Min. bei kleiner Hitze unter Rühren köcheln lassen, dann den Topf vom Herd ziehen. Die Masse in die Plastikdose füllen und in ca. 30 Min. etwas andicken lassen.

3 Anschließend den Apfel schälen, vierteln und das Kerngehäuse entfernen. Die Apfelviertel in ca. 0,5 cm große Würfel schneiden. Diese vorsichtig auf der Fruchtgummiwürfelmasse verteilen und einsinken lassen. Die Masse in ca. 30 Min. fest werden lassen. Dann vorsichtig auf ein Brett stürzen und in kleine Würfel schneiden.

Für 20 Stück • 8 Min. Zubereitung • 1 Std. Tiefkühlen • Pro Stück ca. 15 kcal, 0 g E, 1 g F, 1 g KH

BEERIGE JOGHURT-EISHAPPEN

SOMMERLICH

50 g Himbeeren
50 g Heidelbeeren
200 g Joghurt
¼ TL gemahlene Vanille
1 EL braunes Mandelmus (ersatzweise Nussmus)

AUSSERDEM

20 Pralinenförmchen (∅ 2,5 cm)

1 Die Pralinenförmchen auf der Arbeitsfläche bereitstellen.

2 Die Beeren verlesen, waschen und abtropfen lassen. Den Joghurt mit dem Vanillepulver glattrühren und je 1 geh. TL in ein Pralinenförmchen füllen. Die Masse mit den Beeren bestreuen und diese leicht andrücken. Dann das Mandelmus darüber träufeln. Die Eishappen für mind. 1 Std. in den Tiefkühler stellen.

3 Zum Servieren die Joghurthappen herausnehmen, wenige Min. antauen lassen und die Pralinenförmchen entfernen.

TIPP
Statt der Pralinenförmchen können Muffin- oder Eiswürfelförmchen genutzt werden.

Für 25 Stück • 10 Min. Zubereitung • 15 Min. Backen • Pro Portion ca. 270 kcal, 7 g E, 15 g F, 26 g KH

WAFFELSCHIFFCHEN

FÜR SEHR GEÜBTE ESSER

200 g Dinkelmehl (Type 630)
75 g gemahlene Haselnusskerne
2 TL Weinstein-Backpulver
1 TL Ceylon-Zimtpulver
3 Eier (M)
350 g Apfelmark
75 ml Milch
50 ml neutrales Öl + etwas mehr zum Backen
4 Äpfel
1 EL Zitronensaft

AUSSERDEM
Waffeleisen
25 Holz-Eisstiele

GUT ZU WISSEN
Gerade bei Babys und Kleinkindern stets zu Ceylon-Zimt greifen. Der enthält im Gegensatz zu Cassia-Zimt kaum Cumarin, das die Leber belastet.

1 Das Mehl in einer Schüssel mit Nüssen, Backpulver und Zimt mischen. In einer zweiten Schüssel die Eier mit den Rührbesen des Handrührgeräts schaumig aufschlagen. Apfelmark, Milch und Öl dazugeben und gut unterrühren. Dann die Mehl-Nuss-Mischung zügig unter die Milchmischung rühren.

2 Das Waffeleisen auf mittlerer Stufe vorheizen. Die Backflächen vor der ersten Waffel dünn mit Öl einfetten. 4 EL Teig gleichmäßig auf der unteren Backfläche verteilen. Das Waffeleisen schließen und die Waffel ca. 3 Min. backen. Herausnehmen und auf einem Kuchengitter abkühlen lassen. Auf diese Weise aus dem Teig insgesamt 5 Waffeln backen.

3 Die Äpfel waschen, halbieren, entkernen und in 25 Spalten schneiden. Diese mit Zitronensaft beträufeln. Für Kinder unter 3 Jahren die Apfelspalten in etwas Wasser andünsten.

4 Die Waffeln in die einzelnen Herzen trennen. Jeweils ein Waffelherz mit der Spitze nach oben auf ein Holzstäbchen stecken und als Segel auf eine Apfelspalte setzen.

REGISTER

Vegetarische Rezepte, die im Buch mit einem 🌿 gekennzeichnet sind, sind hier grün abgesetzt.

Abkürzungsverzeichnis:
E = Eiweiß
EL = Esslöffel (gestrichen)
F = Fett
kcal = Kilokalorien
KH = Kohlenhydrate
Msp. = Messerspitze
Pck. = Päckchen
TK = Tiefkühl
TL = Teelöffel (gestrichen)
Ø = Durchmesser

QUALITÄTS G|U GARANTIE

LIEBE LESERINNEN UND LESER,

wir wollen Ihnen mit diesem Buch Informationen und Anregungen geben, um Ihnen das Leben zu erleichtern oder Sie zu inspirieren, Neues auszuprobieren. Wir achten bei der Erstellung unserer Bücher auf Aktualität und stellen höchste Ansprüche an Inhalt und Gestaltung. Alle Anleitungen und Rezepte werden von unseren Autoren, jeweils Experten auf ihren Gebieten, gewissenhaft erstellt und von unseren Redakteur*innen mit größter Sorgfalt ausgewählt und geprüft.

Haben wir Ihre Erwartungen erfüllt? Sind Sie mit diesem Buch und seinen Inhalten zufrieden? Wir freuen uns auf Ihre Rückmeldung. Und wir freuen uns, wenn Sie diesen Titel weiterempfehlen, in Ihrem Freundeskreis oder bei Ihrem Online-Kauf.

Sollten wir Ihre Erwartungen so gar nicht erfüllt haben, tauschen wir Ihnen Ihr Buch jederzeit gegen ein gleichwertiges zum gleichen oder ähnlichen Thema um.

KONTAKT ZUM LESERSERVICE

GRÄFE UND UNZER VERLAG
Grillparzerstraße 12
81675 München
www.gu.de

IMPRESSUM

Postfach 860366, 81630 München

G|U

GU ist eine eingetragene Marke der GRÄFE UND UNZER VERLAG GmbH, www.gu.de

ISBN 978-3-8338-8205-0
5. Auflage 2025

Projektleitung: Melanie Loser
Lektorat: Melanie Haizmann
Korrektorat: Adriane Andreas
Gesamtgestaltung: independent Medien-Design, Horst Moser, München
Umschlaggestaltung: ki36 Editorial Design, Sabine Krohberger, München
Herstellung: Linda Wiederrecht
Satz: Eberl & Koesel Studio GmbH
Reproduktion: Medienprinzen GmbH
Druck und Bindung: Firmengruppe APPL, aprinta druck, Wemding
Printed in Germany

GRÄFE UND UNZER

Ein Unternehmen der
GANSKE VERLAGSGRUPPE

DIE AUTORINNEN

Annina Schäflein und Lena Merz sind Bestseller-Autorinnen und Bloggerinnen. Mit breifreibaby.de erreichen sie täglich tausende Interessierte. Daher wissen sie auch ganz genau, wie eine gesunde und alltagstaugliche Familienküche alle überzeugt.

DIE FOTOGRAFIN

Julia Hoersch ist eine vielfach ausgezeichnete Fotografin. Zusammen mit Petra Speckmann (Foodstyling) und Christine Mähler (Requisite) setzte sie die zuckerfreien Snacks liebevoll in Szene.

Bildnachweis:
Julia Hoersch: S. 6–59, Stepfotos (Klappen); Coco Lang: S. 1, 5, Stillleben (Klappen); Kathrin Koschitzki: Cover; Andrea Mühleck: S. 4 Autorinnenfoto

Umwelthinweis:
Nachhaltigkeit ist uns sehr wichtig. Der Rohstoff Papier ist in der Buchproduktion hierfür von entscheidender Bedeutung. Daher ist dieses Buch auf PEFC-zertifiziertem Papier gedruckt. PEFC garantiert, dass ökologische, soziale und ökonomische Aspekte in der Verarbeitungskette unabhängig überwacht werden und lückenlos nachvollziehbar sind.

Syndication:
www.imageprofessionals.com

Die GU-Homepage finden Sie unter
www.gu.de

APPETIT AUF MEHR?

ISBN 978-3-8338-7365-2

ISBN 978-3-8338-7543-4

ISBN 978-3-8338-7755-1

ISBN 978-3-8338-7574-8

ISBN 978-3-8338-8044-5

ISBN 978-3-8338-7810-7

Alle hier vorgestellten Bücher sind auch als eBook erhältlich.

Mehr von GU auf **www.gu.de** und **facebook.com/gu.verlag**

DIE »GU KOCHEN PLUS«-APP

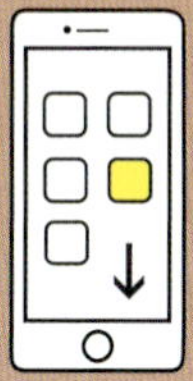

1 APP HERUNTERLADEN

Laden Sie die kostenlose »GU Kochen Plus«-App im Apple App Store oder im Google Play Store auf Ihr Smartphone. Starten Sie die App und wählen Sie Ihren Küchenratgeber aus.

2 REZEPTBILD SCANNEN

Scannen Sie das gewünschte Rezeptbild mit der Kamera Ihres Smartphones. Klicken Sie im Display die Funktion Ihrer Wahl.

3 FUNKTIONEN NUTZEN

Sammeln Sie Ihre Lieblingsrezepte. Speichern und verschicken Sie Ihre Einkaufslisten. Oder nutzen Sie den praktischen Supermarkt-Finder und den Rezept-Planer.